在日朝鮮人

歴史と現在

水野直樹 Naoki Mizuno
文京洙 Mun Gyongsu

Eurus
Notus
Zephyrus

岩波新書
1528

まえがき

一九一〇年の韓国併合からすでに一〇〇年以上が経過した。今年(二〇一五年)は、朝鮮半島が植民地支配から解放されて七〇年、さらに、冷戦下にあって過去の清算が棚上げにされたまま日韓の国交正常化が取り決められた日韓基本条約から五〇年という節目の年にあたる。だが、これだけの歳月が重ねられてもなお、日本と南北朝鮮との間に横たわる問題は少なくない。在日朝鮮人をめぐる問題もその一つである。

問題を理解し、解決の方途を探るためには、何よりも在日朝鮮人の歴史と現状についての理解が前提となろう。私たち著者は、新書という限られたスペースではあるが、在日朝鮮人の今日に至る歩みを、それぞれの時代の文脈や精神を含めてできるだけトータルかつ簡潔に概観できるように努めた。

在日朝鮮人に関する類書は、すでに多数刊行されている。にもかかわらず、本書を執筆することにしたのは、いまあらためて在日朝鮮人の歴史や現状に対する理解を深める必要があると考えるからである。

サッカーW杯の日韓共催や「韓流」に象徴される蜜月の時代は過ぎて、いま日韓関係は国交正常化以来、最悪ともいえる状況にある。ネット上には〝韓国〟〝朝鮮〟に対するヘイト・スピーチが蔓延し、大都市では「殺せ!」「死ね!」など過激なシュプレヒコールを叫びながら街なかを練り歩くデモまで現れ、在日朝鮮人の日常に暗い影を落としている。こうした近年のバックラッシュともいえる状況は、在日朝鮮人に対する日本社会の理解と認識がいかに底の浅いものであるかを物語っている。事実にもとづかない言説や一部の事実だけを切り取って誇張する見方がヘイト・スピーチを拡散させているのである。歴史や事実を提示するだけで問題を解決できるわけではないが、まずはそれを踏まえることが不可欠である、と私たちは考えた。

このような無理解や偏見が日本社会の一部を捉えている反面、在日朝鮮人に関する調査・研究は、この二、三〇年の間に相当な広がりと深まりを見せている。在日朝鮮人問題に対するアカデミックな研究対象としての認知も広まり、これを志す若手研究者も増えている。いまや、歴史学のみならず文化人類学、社会学、文化論、経済学などさまざまな領域で在日朝鮮人に関する研究が着実に積み上げられている。さらに「グローバル化」「多文化共生」が課題とされる今日の日本社会にあって、オールドカマーとしての在日朝鮮人の位置や役割を改めて見直そうとする機運も高まっている。本書では、このような近年の研究成果をできる限り盛りこむよう心がけた。

本書は、大きくは、韓国併合前後から、植民地期の在日朝鮮人世界の形成を経て、戦時期の試練へと至る時期を扱った第一章および第二章(執筆担当、水野直樹)と、朝鮮解放から、高度成長期以後の在日朝鮮人の世代交代や多様化を経て、「グローバリゼーションの時代」へと至る時期を扱った第三章、第四章、および終章(執筆担当、文京洙)の二つの部分から成り立っている。戦前の朝鮮人渡日に関しては、移住労働者という側面に注意を払うことにした。植民地と支配本国との間の移動という特殊性を持ちながらも、現代の移住労働者と共通する面があると考えるからである。戦後の在日朝鮮人の歩みに関しては、国籍や民族にまつわる画一的な見方や観念では捉えきれないような、在日朝鮮人のありのままの多様な営みや思いを記すように努めた。

なお、二〇世紀前半に朝鮮半島から日本に渡ってきた人びととその子孫を、本書では、「在日朝鮮人」と呼ぶことにする。現在この人びとに対して、「在日韓国・朝鮮人」、「在日コリアン」などさまざまな呼び方がなされている。そこには南北分断状況下での民族呼称をめぐる綱引きがあったり、あるいは分断を超えようとする思いがこめられていたりもする。私たちはそのような呼称を否定するわけではないし、私たち自身もときにはそれらの呼称を使うこともある。しかし、植民地期からの歴史を描く本書では、総じて在日朝鮮人という言葉が適切であると判断した。なお、引用資料に「鮮人」「内鮮」など不適切な用語が使われているが、歴史資料の性格にかんがみてそのままとした。「内地」についてもカッコを付けて使うべきだが、煩瑣になるので省略した。

本書が在日朝鮮人をめぐる諸問題への理解を深めるのに少しでも役立てば、と願ってやまない。

目次

第1章

定着化と二世の誕生

—在日朝鮮人世界の形成—

中田恭一「大阪築港」(1934年帝展)　大阪と済州島を往来する船が着く桟橋．チマチョゴリを着た女性らが立っている．

1　併合前の朝鮮人労働者

本書で「在日朝鮮人」と呼ぶのは、明治時代以降に朝鮮半島から日本に渡ってきて、一定期間在住するようになった人びとのことである。古代、あるいはそれよりはるか前から、朝鮮半島からは多くの人びとが渡ってきたが、そのような「渡来人」の子孫は在日朝鮮人の範疇に入らない。明治時代前半に日本の住民の「戸籍」が編製されたため、朝鮮半島にゆかりのある住民も日本国籍を持つことになったからである。

明治期の在留朝鮮人

では、一九世紀後半から二〇世紀初めの時期に、日本に渡ってきた朝鮮人はどのくらいいたのだろうか。日本の内閣統計局が発行する『日本帝国統計年鑑』には在留外国人の人口統計が掲載されているが、朝鮮人在留者数は一八八二(明治一五)年四名、八三年一六名などとなっており、九六年までは二桁にとどまっている。七六年の日朝修好条規(いわゆる「江華条約」)によって日朝間に近代的な外交関係が生じ、新たに赴任した外交官や日本視察のために派遣された役人のほか、「亡命政治家」、少数の留学生もいた。

九七年には一五五名に急増したが、これは九五年に韓国政府が慶応義塾に一〇〇名以上の留学生を送ったことによるものである。そのほかに朝鮮人参の取引や行商のために渡来した人も増えつつあったためと見られる。

朝鮮人労働者導入の始まり

この一八九七(明治三〇)年には、朝鮮人労働者がはじめて日本に渡ってくるようになった。九州の炭鉱地帯で労働者が不足したため、佐賀県西松浦郡(現・伊万里市)の長者《ちょうじゃ》炭坑経営者が朝鮮から労働者を雇い入れたのが最初である。二三〇名ほどの朝鮮人労働者が働き、労働能力も高く評価されたが、年末から翌年にかけて相当数の労働者が逃亡してしまったという。約束されていた賃金が支払われなかったこと、賃金が現金ではなく炭坑札と呼ばれる切符で支払われたこと、また当時の炭坑が納屋制度(労働者の外出などを制限して働かせる仕組み)をとっていたことなどがその原因であった。長者炭坑のほか筑豊の炭坑でも朝鮮人労働者を導入したところがあったが、同じように長続きしなかったようである。九八年には石炭価格が下落したため、休廃業に追い込まれる炭坑も多かったので、朝鮮人労働者の雇用は一時的なものに終わったと見られる。

九州の炭坑経営者は当初中国人労働者を導入しようとしたが、それが困難であるため、朝鮮人を雇い入れることとしたという事情があった。この問題は九九年に公布された勅令第三五二号「条約若しくは慣行により居住の自由を有せざる外国人の居住及び営業等に関する件」に関わるものである。

日本は日清戦争を期に欧米諸国と結んでいた不平等条約の改正を進め、まず治外法権撤廃を実現した。これによって幕末以来、開港地に設けられていた外国人居留地が一八九九年に廃止され、外国人は「内地雑居」をすることになった(ここでの「内地」とは居留地以外の日本領土のこと)。

しかし、居留地の廃止によって中国人労働者が「内地」に流入してくることを恐れた日本政府は、同年七月に勅令第三五二号を公布した(八月四日施行)。「条約若しくは慣行により居住の自由を有せざる外国人」とは中国人を指すものとされ、中国人は居留地以外でも居住・営業できるが、労働者は行政官庁の許可を受けなければならないことになった。ここでいう「労働者」とは農林漁業、鉱業、土木建築、製造、運搬、その他の雑業に従事する者とされた。この勅令により、日本では単純労働・肉体労働に従事する外国人、特に中国人の入国を認めない政策がとられることになったのである。

在日朝鮮人について書かれた文献では、勅令第三五二号が朝鮮人にも適用されたため、一九一〇(明治四三)年の韓国併合まで朝鮮人労働者は入国を認められていなかったという説明がされてきたが、近年の研究によって、明治時代に朝鮮人は「条約若しくは慣行により居住の自由を有する外国人」として扱われていたことが明らかにされた。中国人労働者は入国を禁止・制限されたが、朝鮮人労働者は日本への入国を認められていたのである。

そのことを端的に表わす事例が日露戦争後に進められた鉄道工事・発電所工事である。

日露戦後の鉄道工事・発電所工事

一八九九(明治三二)年に着工された鹿児島線鉄道(現・肥薩線)の工事は、熊本・鹿児島県境あたりでは急勾配が多く、ループ式線路を採用しなければならない難工事であった。請負の土木業者は労働者集めにも苦労していた。日露戦争後の一九〇七年、工事が本格化した際、大連から中国人労働者二五〇名ほどを導入して仕事をさせたが、しばらくして地元の警察が退去・送還を命じたため、中国人労働者は本国に送還されることとなった。勅令第三五二号にもとづく措置であった。

中国人と入れ替わるように、朝鮮人労働者が熊本県側でも鹿児島県側でも見られるようになり、その数は五〇〇名に上った。

さらに、〇八年頃からは、山陰本線の鉄道工事のあちこちで朝鮮人労働者の姿が見られるようになった。京都府の丹波地方、兵庫県の日本海沿いなどで工事に従事し、事故のため死亡する労働者もいた。

一九一〇年の韓国併合前後に行なわれた京都府南部の宇治川水力発電所（宇治発電所）工事や山梨県の梁川村発電所（東京電燈株式会社）工事でも、百名単位の朝鮮人労働者が働いていた。宇治発電所では、琵琶湖から水を引くためのトンネル水路を山の中に掘るという当時としては大規模な土木工事が行なわれたが、日本人労働者だけでは足りないため、請負業者は朝鮮で労働者を募集し統監府の許可を得た上で日本に連れて来た。中には九州の鉄道工事から移って来た者もいたと見られる。また、宇治発電所工事が終わった後、大阪府・奈良県境の生駒トンネル工事（大阪電気軌道株式会社、現・近畿日本鉄道奈良線。このトンネルは現在使われていない）に移ったことが確認できる者がいる。日本の中で土木工事の現場を渡り歩く朝鮮人がこの時期から現われたのである。

朝鮮人労働者募集の背景

このように当時としては規模の大きい土木工事に朝鮮人労働者が集団で従事するようになったのは、日本の朝鮮侵略と無関係ではなかった。日露戦争期から保護国期にかけて日本は朝鮮半島で兵営などの軍事施設工事、京釜線（ソウル—釜山）や京義線（ソウル—新義州）などの鉄道工事を推進した。これらの工事を請け負ったのは鹿島組、大倉組、間《はざま》組、大林組などの土建業者であったが、その下請け業者（あるいは孫請け業者）は朝鮮人労働者を集めて工事を進めた。

日露戦争後に日本「内地」（明治憲法制定時の領土を植民地など「外地」と区別して呼んだ名称、以下「　」は省略）の鉄道工事などを請け負ったのもこれらの土建業者であったため、日本人労働者を集めることができない場合、朝鮮で労働者を集め集団で連れて来ることになった。請負業者は募集や使役のノウハウを持っていただけでなく、朝鮮での工事で働いた朝鮮人労働者とのつながりを利用することもできた。労働者募集と内地への渡航には、統監府が許可を出していたと見られる。

集められた労働者は一〇人から二〇人ほどの組に編成され、それを率いる什長（組頭）の下で働いた。また、労働者のために食事をつくる女性が交じっていることもあり、飯場が形成されることになった。

韓国併合前に日本にやって来たこれら朝鮮人労働者に対して、日本社会はどのような目を向けていたのだろうか。都市から離れた山間部での工事に従事することが多かったため、一般の日本人の目にその姿が映ることは少なかったと思われる。雇用主の側は、朝鮮人労働者は忍耐強くよく働くと高く評価していたため、朝鮮での労働者募集を積極的に進めたが、次第に「怠惰」「乱暴」という見方に変わっていった。そこには韓国併合を前後する日本人全体の朝鮮認識が反映していた。日本人の朝鮮認識の変化を背景にして、同じ工事で働く日本人労働者と朝鮮人労働者が感情の行き違いから対立し、両者の衝突に至る事例も多くみられる。宇治発電所工事や梁川村の発電所工事では、喧嘩が大きくなり、ダイナマイトまで持ち出しての衝突事件に発展し、朝鮮人労働者が警察に検挙され裁判にもかけられた。

韓国併合前後の朝鮮人労働者のほとんどは、契約期間が終わると朝鮮に帰って行ったが、中にはそのまま日本にとどまり、他の工事現場に移って働き続ける者、あるいは朝鮮飴*の行商などをして生計を立てる者もいたと思われる。

* 朝鮮の家庭ではキビ、麦芽などを原料に飴がつくられていたが、日本でもこれをつくり売り歩く行商は、甘いものが不足していた戦前日本の農村などで歓迎された。

2 一九一〇年代の在日朝鮮人

監視・警戒の対象として

一九一〇(明治四三)年の韓国併合によって朝鮮人は、自らの意思とはかかわりなく日本国籍をもつ「帝国臣民」として扱われることになった。そのため、併合後には日本への渡航や居住について日本人と同じ扱いをされるようになったと見られがちだが、かならずしもそうではなかった。渡航に関しても、居住に関しても、日本人とは異なる処遇を受ける場合が多かった。

そもそも、日本人（当時は「内地人」と呼ばれた）と朝鮮人とは戸籍で区別され、法律的にも異なる扱いを受けることとなった。朝鮮では、併合の前年、統監府の主導下に民籍法が制定され、朝鮮人を民籍に登録する作業が行なわれた。民籍法は一二三（大正一二）年には朝鮮戸籍令に代わり、以後は「戸籍」と呼ばれることになったが、これは日本の戸籍法にもとづいてつくられる日本人の戸籍とは異なるもので、両者間の移動は結婚や養子縁組を除いて禁止されていた。つまり、朝鮮人が一〇年、二〇年と日本内地に居住しても内地に本籍地を移すことができなかったのである。日本人も朝鮮に本籍地を移すことができなかったが、これは主に兵役逃れを防ぐためであった。徴兵制度はまだ朝鮮人に適用されず、本籍を朝鮮にもつ者は兵役法の対象になっていなかったため、それを利用しての兵役逃れを防ぐために本籍の移動を禁止した。このように、日本人の戸籍と朝鮮人の戸籍（民籍）とを分離することによって、両者の区別を法的に設定・維持するシステムが築かれていたのである。

日本内地の警察当局は、併合前から居住朝鮮人名簿を作成して、監視・警戒の対象としていたが、それは併合後も変わることがなかった。外務省外交史料館には現在も、『警視庁ノ調査ニ係ル清国人朝鮮人及革命党関係者調』（明治四五年一月二三日接受）というファイルが残されている。前年の一九一一年に全国の警察が在留朝鮮人を調査して名簿を作成し、内務省に報告したものが内務省から外務省に送られたと見られる。未報告の府県もあるため、全国をカバーしているわけではないが、在留者一人ひとりの名前、本籍地、居住地、職業などを記載した名簿である。このような名簿は、その後、全国規模で作成されることはなかったと思われるが、府県レベル、あるいは警察署レベルで作成され続けた。

在留者の中でも取り締まり当局が警戒すべき人物とみなした朝鮮人に対しては、特に詳細な監視規定が設けられた。実際の監視体制はすでに韓国併合前後に取られていたが、特高警察が発足した一一年に内務省が日本人社会主義者らを対象とする「特別要視察人視察内規」を定めた時、「朝鮮人にして排日思想を有する者」をも特別要視察人にして、事細かに人物の特徴や交遊関係などを記した名簿を作成し、その言動を内偵・視察することとした。さらに、一六年には朝鮮人だけを対象にした「要視察朝鮮人視察内規」を定めて、対象者を甲号、乙号に分類して監視の方法を指示している。東京、大阪などの警察には特高課内鮮係が置かれ、在留朝鮮人を監視し取り締まる役割を果たした。二〇年代以降、特に戦時動員期には特高内鮮係は拡充されていった。

集団募集の労働者たち

併合後の朝鮮人労働者で目をひくのは、集団募集によって内地に渡り労働に従事する女性が多かったことである。特に、関西地方の紡績工場に朝鮮人女子労働者の姿が多くみられるようになった。一一(明治四四)年に摂津紡績木津川工場、一三年に同社明石工場などで朝鮮人女性を雇用しはじめた。

摂津紡績明石工場の朝鮮人女子労働者(1917年)
訪日した李王(純宗)を兵庫県舞子の有栖川宮別邸前で出迎える女子労働者たち.

製糸工場とともに「女工哀史」を象徴する紡績工場は、日本の工業化を牽引する部門であったが、急激な成長のため労働者が不足する工場も多かった。そのため、朝鮮から女子労働者を集団で雇用してくるケースが見られた。寄宿舎で生活し、二四時間操業の工場で長時間労働に従事するだけでなく、埃や騒音の激しい労働現場で働かねばならなかった。

一八年に岸和田紡績が五〇名の朝鮮人女性を募集して就労させたが、成績良好としてさらに多くの女性を募集・雇用し、また縁故を頼ってやって来る者もいたため、二〇年代半ばには岸和田紡績の四工場で合計七八七名(うち男性六一名)の朝鮮人が働くようになった。会社側は朝鮮人寄宿舎を設けて厳しい労務管理を行ない、長時間労働を強いるなど、劣悪な労働条件であった。紡績工場では日本人労働者のストライキもしばしば起こったが、朝鮮人労働者は日本人との賃金差別の解消などを求めるストライキを行なったこともある。

一〇年代には紡績工場で働く朝鮮人女性のほか、土木工事に従事する男性労働者も集団募集の形式で渡日したほか、個別就労のケースも次第に増えていった。京都の染色工場では住み込みで働く者が現われ始めていた。

また、第一次世界大戦に参戦した日本がドイツ領南洋群島(サイパン、ポナペなど)を占領し、その開発に乗り出すと、サトウキビ農場を経営する南洋興発株式会社は労働力を沖縄県のほか朝鮮半島にも求めた。一八年から一九年にかけてサイパンには四百名ほどの朝鮮人労働者が渡って行った。

渡航管理の始まり

一〇年代の朝鮮人労働者は、紡績工場での就労に限らず、集団募集・集団雇用という形態で働く場合が多かった。前述のように、日露戦争後の鉄道・発電所工事などインフラ整備のための土木工事に加えて、一四年の第一次世界大戦の勃発によって日本の工業が急成長すると、労働力不足が深刻になり、朝鮮に労働力を求める事業者も多くなった。

一五(大正四)年に日本在留朝鮮人人口は四千人弱だったが、翌年には一万五千人近くに急増している。二〇年の国勢調査では四万人に達することになった。

朝鮮で労働者を集めて日本に連れて行く労働ブローカーには、労働条件や賃金などをごまかしたり、幼い少女を連れて行ったりするものもいた。このような労働ブローカーを取り締まるために、朝鮮総督府は一三年、労働者募集を認可制とすることにした。労働者を募集して内地で働かせようとする者は、募集地域の道警察部長に事前に届け出て認可を得ること、一四歳未満の者は募集してはならないこと、二〇歳以下の者や既婚女性の雇用は戸主の同意を得ることのほか、労働条件を記した契約書を取り交わすことなどを定めるものである。しかし、これを定めた通牒には処罰規定がなく、また労働ブローカーと警察が結託している場合もあり、かならずしも充分な取り締まりがなされたわけではない。

一八年になると、総督府は府令「労働者募集取締規則」を定め、朝鮮内で労働者を募集して内地に連れて行くには警察の許可を必要とすることとした。これに違反した者は二百円以下の罰金を科すという処罰規定も設けられた。この規則は雇用・労働条件の悪いところで働かされるのを防ぐためと説明されたが、一方で労働力需給を調整するとともに、朝鮮人の内地渡航をコントロールする仕組みであった。のちの旅行証明書制度、さらに渡航証明書制度が個人の渡航を管理するものだったのに対し、一〇年代の時点では労働者の集団募集を管理する制度でコントロール可能と考えられていたのである。

朝鮮では、一九一九(大正八)年、三一独立運動と呼ばれる全民族的な抗日運動が起こった。三月一日、朝鮮王朝の最後から二番目の国王(大韓帝国の初代皇帝)高宗《コジョン》(一八五二～一九一九)の葬儀に合わせて、ソウルや平壌《ピョンヤン》などで独立を宣言する文書が読み上げられ、民衆の集会、デモが行なわれた。その後、運動は農村部にも広がり、出動した日本の警官隊や軍隊による弾圧が加えられた。

留学生運動と二八独立宣言

二カ月余りの期間にわたって展開された独立運動のきっかけの一つは、日本に留学していた青年の活動であった。

朝鮮から日本への留学は、一八八〇年代から始まったが、特に日露戦争の頃に急増した。韓国皇室の派遣で留学した者もいたが、私費留学生も増えていった。一九〇八年に二七〇名、韓国併合直前の一〇年五月には四二〇名の留学生がいたとされる。近代的な知識・技術を習得するために隣国日本で学ぼうとする若者が多くなったのである。彼ら(女性の留学生はまだ少なかった)は日本でさまざまな学問を学ぶ一方、日本による朝鮮侵略に抗議し、それを阻止するための活動をも展開した。日本で留学生団体を組織して雑誌を発行し、帰国後は教育活動や言論活動を通じて日本の侵略に抵抗する基盤を築こうとしたのである。

韓国併合時に日本当局は留学生による抗議・抵抗が起こるのを恐れ、留学生の動きを徹底的に抑えた。〇九年に結成された大韓興学会も強制解散させられた。

しかし、一一年には東京で朝鮮留学生親睦会がつくられた後、翌一二年には在日本東京朝鮮留学生学友会が結成され、機関誌『学之光』を発行するなど、活動は徐々に復活した。京都でも一五年に朝鮮留学生親睦会(のちに留学生学友会に改称)が結成された。そのような中で、主に東京で学んでいた朝鮮人留学生は民族自決への意思を固め、独立を求める行動に乗り出した。

一八年秋、第一次世界大戦終結の頃から留学生学友会の幹部を中心として独立運動の準備がなされ、翌年二月八日、学友会の集会という形で独立を宣言する集まりが東京神田の朝鮮基督教青年会館で開かれた。学生ら三百名が集まり、宣言文を読み上げた。日本当局は中心となった学生を検挙したが、それを逃れた李光洙《イグァンス》(一八九二〜一九五〇)らは朝鮮と中国(上海)に赴いて、各地の朝鮮人指導者と連携を図った。このようにして、日本留学生が始めた独立運動が朝鮮や中国にも波及することになったのである。

留学生の身分、地位や環境は朝鮮人労働者のそれとは異なっており、勉学を終えると朝鮮に帰るのが普通だったので、「在日朝鮮人」の範疇に入れるかどうかは意見の分かれるところであるが、中には朝鮮人労働者の境遇に関心を向けて、その生活環境の改善を図ろうとしたり、あるいはデモクラシーや社会主義の思想を実践しようとしたりする留学生も現われるようになった。さらには、留学生とはいっても、自ら働きながら勉学に励む「苦学生」もいた。留学生と労働者は完全に切り離された存在であったわけではない。

三一独立運動において朝鮮内の運動と国外での運動とが結びついていることを察知した朝鮮総督府は、両者が連絡を取り合って活動を展開するのを防ぐために、朝鮮人の移動を統制することとした。それが一九一九(大正八)年四月に公布・施行された警務総監部令「朝鮮人の旅行取締に関する件」である。朝鮮外に出ようとする者は、所轄の警察署で「旅行証明書」の発給を受け、鉄道や連絡船に乗る場合にはそれを提示しなければならないというものである。日本内地に行く場合でも、この旅行証明書が必要とされた。

旅行証明書制度の実施

その後、二二年に旅行証明書制度はいったん廃止されたが、翌年の関東大震災直後に復活した。しかし、これに対しては朝鮮内で批判が強まり、二四年六月に旅行証明書に関する法令は廃止されることとなった。旅行証明書制度は、二〇年代後半に実施される渡航証明書制度の先駆けであったが、前者が法令にもとづくものであったのに対し、後者は法令なしに実施された制度であるという点に違いがある。

3　関東大震災と朝鮮人虐殺

増える渡日労働者

一九二〇年代初め、旅行証明書制度にもかかわらず日本に渡航する朝鮮人は増加傾向を続けた（表1）。日本社会の都市化にともない土木工事が増えたこと、工場や炭鉱・鉱山では低賃金の不熟練労働者を必要としていたことなどがその背景にある。旅行証明書制度が廃止された後には渡航労働者が急増した。

表1　在住朝鮮人人口の推移（単位人）

	在住人口	渡航者数	帰還者数
1900年	196		
1905年	303		
1910年	2,600		
1915年	15,106		
1920年	40,755	27,497	20,947
1925年	214,657	131,273	112,471
1930年	419,009	95,092	107,706
1935年	615,869	108,639	106,117
1940年	1,241,315		
1945年8月	2,100,000		

（資料）（在住人口）1900年，05年：外国人在留届（『大日本帝国統計年鑑』各年版），20年，30年，40年：国勢調査（国勢調査報告），その他：推計（田村紀之「内務省警保局調査による朝鮮人人口（I）」『経済と経済学』第46号，1981年）
（渡航者数・帰還者数）朝鮮総督府警務局編『最近に於ける朝鮮治安状況』昭和11年5月（復刻版，不二出版，1986年）

在住朝鮮人の職業別人口を見ると、大阪をはじめとする大都市で職工が増えている。東京でも下町の小さな工場に朝鮮人労働者が雇われるようになったが、これは日本人労働者に比べて賃金が低いことが大きな理由であった。土木建築などの屋外労働では賃金に大きな差をつけることができなかったが、工場などでは非熟練職工であるという理由で賃金を抑えられたからである。二四(大正一三)年の内務省による調査報告では、朝鮮人労働者と日本人労働者の間には平均二割程度の賃金格差があるとし、地方・職種によっては六割以上の格差があることも認めている。

こうして、二三年頃には在住朝鮮人の人口は一〇万人に達する勢いを示した。併合前後の労働者と違って、この頃には一般日本人の眼に見える存在として朝鮮人の姿が現われるようになっていたのである。

関東大震災時の虐殺

二三(大正一二)年九月一日、関東地方を襲った大地震とそれによる大火災の中で、数多くの朝鮮人が日本の軍隊・警察、さらには日本人自警団などによって虐殺される事態が生じた。「朝鮮人が井戸に毒を投げ込んだ」「爆弾を持って襲撃してくる」など根拠のないデマが流れ、それを信じた自警団が避難する朝鮮人を捕まえて殺害したり、警察が保護を名目に朝鮮人を収容しながら、警察署の中で殺害したりする事件が関東地方各地で起こった。殺された朝鮮人の数は司法省の発表では二三三名、朝鮮総督府の資料では八三二名、政治学者吉野作造(一八七八〜一九三三)の調査では二七一一名とされるが、朝鮮人留学生らが「罹災同胞慰問団」の名目で行なった調査では六四一五名という数字があげられている。日本政府が朝鮮人虐殺の事実を隠すために調査を妨害したので、正確な死者数は不明だが、千名単位の死者があったことは否定できない。

軍隊によって習志野俘虜収容所跡に連行される朝鮮人

　なぜこのような事件が起こったのだろうか。いくつかの原因が考えられるが、根本にあるのは朝鮮人を侮蔑する反面で危険な存在として警戒し恐れる意識が日本人の間に広まっていたことである。朝鮮を植民地として支配する中で朝鮮人を劣った存在と見下しながら、一方で三一独立運動とその後の独立運動が展開されると、日本に抵抗する「恐ろしい存在」でもあると見なすようになった。当時の新聞などでは「不逞鮮人」という用語が使われていた。日本(天皇)から恩恵を施されているにもかかわらず、反抗する怪しからぬ奴らという意味をこめた言葉である。新聞にはしばしば「不逞鮮人」が爆弾を持って日本に潜り込んだという根拠のない記事が掲載された。

このような意識を強く持っていたのは、警察官や軍人であった。二一年一一月、原敬首相が東京駅で殺された時、犯人を捕まえた刑事が発した言葉は「お前は朝鮮人じゃないか」であった。実際には政治に不満をもつ日本人青年による犯行だったが、警察官は反射的に犯人は朝鮮人と考えたのである。そのような反応を示したのは警察官だけではなかった。原首相暗殺を伝えた新聞の号外は「原首相鮮人に刺され/東京駅頭にて昏倒す」「突然群衆の中から(中略)二十四五歳の朝鮮人風の一青年現われ出て」(『大阪朝日新聞』二一年一一月四日号外)と書き、恐るべき存在としての朝鮮人イメージを広めている。

このような風潮の中で、日常生活の場でも日本人が朝鮮人を不穏視するような事件が起こっていた。例えば、震災の五カ月前、横浜市内で人参の行商をしていた朝鮮人が「演説」を始めたところ、野次馬の日本人がそれを「不穏な文句」だとして朝鮮人を袋叩きにし、二人に重傷を負わせる事件があった。新聞記事では、行商人が日本に反抗するような決議文を街頭で読み上げたとなっているが、いかにも不自然な理由づけである。さらには、「上海陰謀団の有力者某が横浜に入りいずれかに潜伏中であるので、それらの関係だろうと県高等課では大活躍を開始している」とも付け加えて、独立運動の陰謀をほのめかしている(『東京朝日新聞』二三年三月三一日朝刊)。

政府の責任と虐殺の背景

他方で、関東大震災時の朝鮮人虐殺に関して、日本政府に重大な責任があったことも否定できない。そもそも自然災害であるにもかかわらず戒厳令を宣言し、国家の存立を脅かす事態が生じているかのような印象を与えたのは政府であった。さらに、内務省は各地に送った電報で「朝鮮人は各地に放火し、不逞の目的を遂行せんとし」ているとして、デマを裏書きしていた。その後、デマが広がり朝鮮人虐殺が各地で起こると、政府側もこれを鎮める措置をとることになったが、その場合でも「朝鮮人暴動」のデマは誤りであることを明言しなかったのである。

朝鮮人の虐殺に直接手を下したのは、多くの場合、自警団であったが、これは震災に際して在郷軍人を中心とする地域住民が自発的に組織したものである。在郷軍人らの中には、三一独立運動の鎮圧やシベリア出兵、間島《かんとう》出兵*などの経験を通じて植民地支配に抵抗する朝鮮人の存在を知った者、あるいは同僚から話を聞いた者も多かった。そのような歴史的経験が生み出した意識や記憶が虐殺の背景にあったと考えられる。

政府は朝鮮人を虐殺した自警団員らを検挙し裁判にかけたが、ほとんどは執行猶予つきの判決により釈放してしまった。結局、虐殺を問題視する国際世論に対する言い訳でしかなく、死者数を正しく調査することも避けたまま、虐殺の責任を逃れることに終始した。

その一方で、朴烈(一九〇二〜七四)とその妻金子文子(一九〇三〜二六)らが皇太子暗殺を計画していたとして検挙し、大逆罪を適用して裁判にかけた。震災時に広まった「朝鮮人暴動」のデマに根拠を与えようとした当局のでっち上げ事件であったが、裁判では朴と金子に死刑が言い渡された後、二人は恩赦によって無期懲役に減刑された。しかし、金子は天皇の恩赦を拒否して獄中で自死し、朴烈は四五年の日本敗戦まで服役することになった。

＊　三一独立運動後に中国などで展開された朝鮮人の独立軍活動を弾圧するため、二〇(大正九)年一〇月に独立軍の拠点となっていた間島(現・中国吉林《きつりん》省延辺《えんぺん》朝鮮族自治州)に日本軍が出兵して朝鮮人の集落を襲い、数千名を虐殺した。

4　植民地支配と人口流出のメカニズム

朝鮮からの渡航者は、特に一九二〇年代に継続して増え続けたが、それはどのような要因によるものだっただろうか。

朝鮮社会の変化

第一の要因は、いうまでもなく植民地下朝鮮の経済的状況の変化である。一〇年代の土地調査事業によって土地所有権が明確化される中で、土地を失う農民が増加したことが原因であったが、それに加えて二〇年代の朝鮮産米増殖計画が生み出した経済的要因が大きく作用した。この計画は土地改良(灌漑施設の整備など)、品種改良、施肥の改善(自家肥料から購買肥料への切り替え)などを通じて米の増産を図る政策だったが、農家にとっては多くの資金を要するものであったため、現金収入を増加させねばならなかった。また、各種の税金・公課金の支払いも農家に大きな負担となった。農業だけでは現金を手に入れられない農家は、都市に出て働き口を得ようとしたが、工業化がまだ進んでいなかったため仕事を得られず、荷物運搬などの雑業に就く者が多かった。このような労働力移動の流れの延長で、朝鮮南部から日本に渡航する者が増えることとなった。

飴売りの行商をする朝鮮人留学生
(1920年代)

経済的要因に加えて二番目の要因と

して、文化的・社会的な変化をあげることができる。植民地支配の下で日本は教育を通じて朝鮮人を「忠良なる国民」にしようとしたが、そこでもっとも重視されたのが日本語であった。二〇年代から三〇年代にかけて就学率はまだ低かったが、学校に通う朝鮮人(特に男子)は増える傾向を続けた。日本語を習得した者は、それ以前の世代とは違って日本に行って働くことに障害を感じることが少なかったといえる。また、日本の新聞・雑誌などを通じて、あるいは親族や知人から聞く話を通じて日本についての情報や近代文明の息吹に接することによって、日本への渡航を希望する者もいた。そのような者の一部は働きながら学ぶ苦学生として日本に渡り、結局は日本に定着する者もいた。

また、一定の学校教育を受けても、朝鮮人には就職口がないという状態であったため、仕事を求めて日本に渡るケースも多かった。植民地の状況では、公務員・教員・警察官などの公職を多くの日本人が占めており、朝鮮人は就職できても村役場の臨時雇い程度だったからである。

植民地期に交通機関(鉄道、連絡船、道路など)や通信機関(郵便局)が整備されていったことも渡日を促進する要因となった。農村を出て日本に行くには、鉄道と連絡船を利用しなければならず、さらには二〇、三〇年代に路線が広がった乗合自動車(小型バス)を利用する者も多くなった。出稼ぎで日本に渡った者が、朝鮮に残した家族と連絡をとるために手紙や電報を送ったり、収入の一部を為替や現金書留などで家族に送ったりするうえで、郵便局が重要な役割を果たした。

植民地支配の時期に生じたこのような朝鮮社会の変動・変容を背景として、朝鮮人の日本渡航が大規模に起こったと考えられる。

時代の変化に対応する生き方として渡日を選んだのは、朝鮮社会の最下層ではなくむしろ中層(ないし下層の中の上位クラス)に属する者が多かった。最下層の者は日本に行くための経済的・文化的な能力を備えておらず、朝鮮内の都市に出て「土幕民《どまくみん》」(バラック居住者)として雑業に従事したり、農村に滞留して作男(朝鮮では「モスム」と呼ばれた)や火田民《かでんみん》(焼畑農業をする者)になったり、あるいは朝鮮北部や満洲に移住したりするケースが多かった。中層の者は少しばかりの金を持ち、日本語も少し話せるが、かといって朝鮮内では社会的上昇を望めないため、渡日の道を選ぶことになった。

渡航証明書制度の導入

関東大震災後にも朝鮮人の日本渡航は増え続けた。当局は一九二五(大正一四)年から渡航者の減少を図るために釜山《プサン》港で渡航阻止の措置をとった。連絡船に乗るには、確実な仕事先があること、一定額の旅費・準備金を持っていること、日本語が理解できることなどの条件を満たしていなければならないとするものであった。

慶尚南道巨済郡出身の朱夫元氏が日本へ渡るときに発行された渡航証明書
(1929年3月30日)

二六年に釜山港から日本に渡航した朝鮮人は約九万人だったのに対し、渡航を止められた者は二万人であり、二七年には渡航者一四万人、阻止された者六万人という数字がある。釜山まで行ったものの、渡航希望者の二割から三割が連絡船に乗ることができなかったのである。

二八年からは「渡航証明書」の制度が導入された。日本への渡航を望む者は地元の警察署・派出所に願い出て、その証明書(戸籍謄本・抄本に警察署長などの印を捺したもの)を受け取り、釜山港で乗船する際にそれを示さなければならないということになった。証明書発給には、渡航阻止の際に基準とされたのとほぼ同じ条件を満たしている必要があった。一方、すでに日本に居住している者が一時朝鮮に行った後、ふたたび日本に戻る際に提示する「一時帰鮮証明書」の制度が二九年から始まった。これも内地の居住地を管轄する警察署からもらわねばならないものであった。

渡航証明書制度は、朝鮮人にとって日本との往来の大きな障害となるものであった。警察署に行ってさまざまな事情を説明し、そのための書類を揃えるだけでもきわめて煩わしく、時間と労力、さらには資金(警察へのワイロ)を必要とするものであった。

しかも、この制度は法令にもとづくものではなく、警察の内部的な規程によるものであった。朝鮮人を差別するような法令をつくることは、反発を招き植民地支配を不安定にさせる恐れがあっただけでなく、この時期の日本をとりまく国際関係にも関わって望ましくないものと考えられたからである。日本は「排日移民法」(二四年)に見られるような米国の日本人移民排斥の動きを非難していたため、みずから「帝国臣民」であるはずの朝鮮人の移住を認めないような法的な制度をつくることは、国際的な批判を浴びる可能性もあったのである。それゆえに、渡航証明書制度は法的根拠を与えられず、警察の行政的な裁量にもとづくものとなり、朝鮮人にとっては余計に抑圧的なシステムとなった。朝鮮人の側からは常にその廃止を求める声があげられたが、四五年の日本敗戦間際までこの制度は維持された。

チェーン・マイグレーション現象

当時の新聞、特に朝鮮で発行されていた新聞には、朝鮮人の日本渡航を「漫然渡航」と評する多くの記事が掲載されている。当局側の資料でも、漫然渡航を抑える必要が強調されている。漫然渡航とは、仕事のあてもなく、日本に行けば何とかなるだろうという考えで渡航する者を指している。

しかし、実際には多くの朝鮮人は何らかの伝手《つて》や情報を得て日本に渡航する場合が多かった。二九(昭和四)年に福岡地方職業紹介所が作成した資料によれば、渡航阻止が始まった二五年以前でも、漫然渡航とされるのは一八%ほどで、ほとんどは親戚の呼寄せ、友人の勧誘などによる渡航であった。渡航阻止や渡航証明書制度の下では仕事先の不明確な者の渡日は規制されることになったので、漫然渡航の割合はさらに低下したと考えられる。漫然渡航とは、朝鮮人の渡日を制限するために当局が設けた口実という面が強かったのである。

戦前の朝鮮人の日本渡航・移住は、現在の移民労働者に見られるチェーン・マイグレーションの特徴を持っていた。最初に移住先に行った者が故郷の親戚や知り合いに仕事を紹介したり生活上の情報を伝えたりすることによって、連鎖的に移住者が増えていく現象である。朝鮮人の日本渡航についてもこのような特徴を指摘することができる。内地と朝鮮とにまたがるネットワークを通じて渡航と帰郷が反復され、家族の呼寄せも行なわれた。当局による渡航規制はその傾向をいっそう強めたと考えられる。

5　定着化と集住地区の形成

「3K労働」に従事して

一九二〇年代に増えた在日朝鮮人はどのような仕事をしたのだろうか。三〇(昭和五)年の国勢調査によると、在住者約四二万人のうち有業者は二六万人であった。比率で見ると、農林水産業八・三%、鉱業六・三%、工業五三・一%、商業一〇・三%、交通業八・一%、公務自由業〇・六%などとなる(表2)。

半数以上が工業に従事しているが、多くは「土工」、つまり土木建築の肉体労働者である。鉄道工事、発電所工事のほか、都市基盤整備のための道路工事・河川改修工事など、朝鮮人労働者が働かない工事現場はないと言われるほどであった。工業では繊維関係の仕事をする者が多いことがわかる。前述のように紡績工場で働く女性労働者に加えて、小規模の繊維関係工場の従事者が増えたからである。京都の友禅染では、「蒸し」や「水洗い」など労働環境が劣悪で肉体を酷使する工程に多くの朝鮮人労働者が従事していた。大阪ではゴムやガラス、ホーロなどの町工場、神戸ではゴム工場、酒ビン製造工場、愛知県瀬戸では陶磁器工場で働く朝鮮人労働者が多かった。このように各都市の主要産業を下支えする労働力として朝鮮人労働者が

表 2　在住朝鮮人有業者職業別人口・比率(1930 年)

大分類	人口	比率	従事者が多い職業(小分類，人)
農林業	20,058	7.7%	作男・作女 8,661，農業労務者 4,027，炭焼夫 2,001
水産業	1,444	0.6%	漁業労務者 1,171
鉱　業	16,304	6.3%	採炭夫 7,681，土砂採取夫 3,551，石切出夫 1,750
工　業	138,166	53.1%	土工 58,458，繰糸工 3,715，染色工 3,768，裁縫工 3,331，精紡工 1,690，機織工 2,620，ゴム成型工 2,887，ガラス成型工 2,476，鋳物師 1,605
商　業	26,848	10.3%	露店・行商 7,639，店員 5,119，物品販売 3,323
交通業	20,985	8.1%	仲仕・運搬夫 10,805，配達夫 3,103，自動車運転手 2,102
公務自由業	1,465	0.6%	書記的職業 457，医療従事者 85，官公吏 56，官公署雇用人 134，記者・著述 76
家事使用人	3,368	1.3%	
その他有業者	31,372	12.1%	日雇 19,125，雑役夫 8,708，掃除夫 1,928
有業者合計	260,010	100.1%	

(資料)内閣統計局編『国勢調査報告　昭和 5 年』第 2 巻，1935 年．朴在一『在日朝鮮人に関する綜合調査研究』新紀元社，1957 年

存在していたのである。

鉱業では、炭鉱労働者が多いが、土砂採取に従事する者が多かったことが注目される。建設工事に使われる砂利を河川などから採取する仕事である。大都市の近郊、例えば東京と神奈川の境をなす多摩川などでの砂利採取に多くの朝鮮人が従事していた。関東大震災後に復興事業が行なわれたため、多摩川では砂利採取が盛んになり、朝鮮人の男女労働者が増えたのである。

交通業の仲仕(沖仲仕)は港湾で荷物を船に載せたり降ろした

りする仕事である。各地の港湾に朝鮮人仲仕の姿が見られたが、特に石炭を運び出す若松港(現・北九州市)では、二八(昭和三)年現在の在住朝鮮人の半数近い五一八名(うち女性一〇九名)が石炭仲仕であった。

商業に従事する者も多いがその多くは露店・行商である。朝鮮飴の行商人が農村地帯まで歩き回る姿が日本全国で見られた。「物品販売」となっているのは、朝鮮の食材や衣服を扱う者もいたが、ボロ布・屑鉄などの廃品回収を生業とする者が大半であった。

日雇、雑役夫などの「その他有業者」も多く、農林業、工鉱業、商業などの従事者も含めて朝鮮人は全体として雑業層であった。正規の労働者である者は極めて少なく、不安定な、いわゆる「３K労働」(キツイ、汚い、危険)に従事していた。このような仕事は、第一次世界大戦後の日本経済にとって「余計なもの」ではなく、むしろ不可欠なものであったのである。

労働下宿と集住地区

日本で働くようになった朝鮮人労働者は、土木労働や炭鉱・鉱山労働の場合は「飯場」「納屋」などで集団生活をする者が多かった。農村部の土木工事では工事が終わると他の工事現場に移っていくことになったが、都市部の土木工事や鉱山では「飯場」はあまり移動せず、朝鮮人の集住地区が形成された。その多くは湿地や河川敷など劣悪な住環境であった。

町工場、商店などで働く者は住み込みの形態が多かったが、大阪のような小規模工場には寄宿舎もないため、飯場から生まれた集住地区に住んだり、下宿をしたりする者が多かった。そのような中から朝鮮人のための「労働下宿」が誕生する。日本人家主から借家した者が労働者を下宿させ食事を出し、さらには働き口を紹介することもあるなど、労働者の「たまり場」「ネットワーク」の役割を果たすものとなった。労働下宿は特に大阪に多かったが、そこでは親戚や同郷者のつながりを強めながら、集住地区とともに民族的な生活や文化が維持される空間であった。

二〇年代、各地に朝鮮人集住地区が形成されていった。土木工事が終わっても飯場がそのまま残ったり、工場が倒産しても寄宿舎にそのまま住みついたりという形で集住地区が生まれる場合もあったが、多くは家や部屋を借りることができず、河川敷や湿地など住環境の悪い空き地にバラックを建てて住む人が増えたため、そこが集住地区になった。当時「朝鮮部落」「朝鮮町」などと呼ばれた集住地区は、上下水道や電気なども通っておらず、衛生状態もよいところではなかったが、故郷から家族を呼び寄せたり、親類や知り合いを頼って来たりする者も多く、人口は増え続けた。しかし、河川敷に建てられたバラックは「不法建築」であるとして、立ち退きを迫られ、強制撤去されることも多かった。

朝鮮の生活・文化を守って

一方で集住地区は、朝鮮人が衣食住の暮らしとその文化を守ることのできる空間でもあった。朝鮮語で話をし、チマチョゴリを着、民族料理を食べるなど、生活様式と文化を維持する機能を果たしていた。規模の大きな集住地区には米屋、八百屋、雑貨屋、菓子屋などのほか朝鮮料理の食材を売る店、朝鮮服を扱う店、ドブロクを売る店、漢方薬店なども生まれた。女性の祈禱師《ムーダン》や漢文を教える老人がいる集住地区もあり、朝鮮の村がそのまま移ってきたかのようであった。そこでは、親睦会や契《けい》と呼ばれる頼母子講《たのもしこう》のような互助組織がつくられ、さらに文化活動や教育活動なども展開されるようになった。

このような朝鮮人集住地区は、日本人の眼には「猥雑」「不潔」としか映らず、理解不能な異文化が日本社会の中に移植されたかのように見えた。取り締まり当局は、朝鮮人集住地区を犯罪の温床、さらには民族運動の拠点として警戒・監視の対象とした。二八年秋、京都で行なわれた昭和天皇の即位式の際に、朝鮮人集住地区は一斉取り締まりの対象となるなど、しばしば警察の取り締まりを受けた。

日本で家族を形成

二〇年代には家族形態での居住が増えていった。これは男女の比率や年令別構成の変化から読み取れる。

在日朝鮮人の男女比率は、二〇(大正九)年には八・一対一であったのが、三〇(昭和五)年二・四対一、四〇年一・五対一へと接近する傾向を見せた。戦前においては男女が均衡を示すには至らなかったが、二〇・三〇年代に女性比率が急激に上昇したことは注目される。

三〇年の国勢調査では、人口約四〇万人のうち約三万四千人が内地生まれとなっている。この時点で八％余りが日本で出生した二世ということになる。また、年令別の人口構成においても、一四歳以下の子供が二二％となっており、日本人の場合の三七％とは開きがあるが、二〇年の五％弱という数字と比較すると、子どもの比率が確実に高くなっていたことを確認することができる。

このような数字から、一〇年代に成年男子の単身出稼ぎ労働者が大半であった状況が変化し、二〇年代には家族形態で居住する者が次第に増えていったことがわかる。

朝鮮語教育の禁止

家族形態での居住が増えると問題となるのは、子どもたちの教育である。そもそも植民地支配下の朝鮮では義務教育は実施されていなかったため、日本に住む朝鮮人の子どもも義務教育の対象になるかどうかがはっきりしておらず、日本の学校は朝鮮人の子どもを受け入れるのを嫌がった。大阪市などでは、朝鮮人だけを集めた夜間学級を設ける学校もあったが、全体的には朝鮮人の子どもに対する教育は軽視されていた。

朝鮮人集住地区などでは、子どもたちの教育のために朝鮮に広く見られた「書堂」(寺子屋)

が設けられ、学のある老人らが漢文などを教える場合もあった。さらに、父母や若者が簡便な施設で、朝鮮語・日本語、算数などを教える夜学を開くところが各地に生まれた。このような夜学では日本の学校で学ぶ留学生が教師となる場合もあった。

このような自主的な教育機関が多かった愛知県の場合、三五（昭和一〇）年頃に一八の夜学が運営され、九〇〇名ほどの生徒が学んでいた。それに対して日本の学校に通う朝鮮人子弟は二六九名とされているので、子どもの教育において夜学がいかに大きな役割を果たしていたかがわかる。また、夜学とは別に、愛知県には私立学校として認可されていた普成学院という朝鮮人経営の学校もあり、一六〇名ほどの生徒がいた。

これら朝鮮人の自主的教育機関は、同郷者団体あるいは「融和団体」、宗教団体、相愛会《そうあいかい》など多様な組織が運営するものであった。中には警察当局から「共産主義系」とみなされる労働組合が関与する夜学もあったが、当局にとっては朝鮮人の教育機関が朝鮮語を教えていることが何よりも不適切・不穏なものであった。大阪では三〇年代前半から朝鮮人経営の夜学などが取り締まりを受けていたが、後述（四九ページ）の三四年の閣議決定後には、各府県の警察が朝鮮人教育機関に閉鎖を命じ、朝鮮人の子どもを日本の学校に通わせる措置をとった。とりわけ朝鮮語の教育は厳しく禁止するというのが当局の方針であった。愛知県の私立学校、普成学院も廃校となった。

その後も秘かに朝鮮語を教える夜学を開く活動も行なわれたが、それ自体が「独立運動」とみなされ弾圧を受けることになった。こうして、三〇年代半ば以降、在日朝鮮人子弟は朝鮮語を学ぶ場を奪われてしまったのである。

海を越える生活圏の形成

日本に定住する朝鮮人が増えて行ったが、かならずしも朝鮮の故郷と切り離されて生活していたわけではない。家族を残して単身で渡日する者はいうまでもないが、家族の一部あるいは全員が日本に渡ったとしても、さまざまな形で故郷とのつながりを持っていた。家族を日本に連れてくるために迎えに行ったり、家族や親戚の冠婚葬祭に参加したりするなど、故郷との往来は絶えることがなかった。

下関港に上陸した朝鮮人たち

二五(大正一四)年の統計では、釜山港から連絡船で日本に渡った朝鮮人は約一三万人だったのに対し、下関港から釜山港に帰った者は約一一万人であった。三〇年には世界恐慌のために仕事を失って帰還する朝鮮人が増えたため、渡日者約九万五千人に対し帰還者約一〇万七千人となり、渡日者を上回ることもあった。

関釜連絡船に加えて、二三年に済州島《チェジュド》と大阪の間の直航航路が開設され、済州島の各港から船に乗れば途中で乗り換えることなく大阪に行けるようになった。朝鮮半島南端の島と日本の大都会とを直接結びつける航路が設けられたことによって、大阪には済州島出身者が増えていった。大阪在住の朝鮮人は三一年に約八万五千人だったが、そのうち済州島出身者が三万人を占めていた。済州島の人口が約二〇万人だったことを考えると、大阪在住者や往来者の比率がいかに多かったかがわかる。

大阪在住の済州島出身者は、世界恐慌さ中の三〇年にも一人六〇円余りのお金を故郷の家に送っていたという。海を越える生活圏が形成されていたのである。

6　朝鮮人のさまざまな運動

労働運動のはじまり

日本で働く朝鮮人労働者の間では、早くから親睦団体や同郷者団体がつくられていたが、一九一〇年代前半には労働者を組織化しようとする動きが始まっていた。

一四(大正三)年に大阪でつくられた在阪朝鮮人親睦会はインテリ中心の団体であったが、「労働者救護」を目的に掲げていた。そのほか同盟合資会、貯金会などの名称を持つ相互扶助団体も存在していた。

三一独立運動や日本の大正デモクラシー、社会運動などの刺激を受けて、二〇年代初めには労働民友会(愛知)や労働共済会(京都)、労働済進会(兵庫)など労働者の親睦・福利の向上を目的とする団体が生まれた。労使協調・「内鮮融和」を掲げる団体もあったが、次第に在日朝鮮人労働者の利益を増進する目的で階級的・民族的な立場を明確にする団体が生まれた。二二年に東京や大阪で朝鮮労働同盟会が結成され、社会主義の色彩を帯びた労働者組織として活動した。

これらの団体は、日本の社会運動・労働運動と連携してメーデーに参加したりもしたが、二二年の信濃川朝鮮人虐殺事件(新潟県の中津川第一水力発電所工事に従事していた朝鮮人労働者が逃亡を図ったとして、労務係などのリンチに遭い死亡した事件)の調査活動を行なうなど、朝鮮人労働者の置かれた状況を明らかにし、その解決のために日本と朝鮮の世論に訴える活動も展開した。また、関東大震災時の朝鮮人虐殺事件に関しては、留学生などとともに抗議運動を展開した。

在日朝鮮労総の結成

二五(大正一四)年二月、東京・大阪・京都・神戸など大都市で組織されていた朝鮮人労働者団体が結集して、在日本朝鮮労働総同盟(在日朝鮮労総)が結成された。朝鮮内では前年に朝鮮労農総同盟が結成されるなど社会運動が活発化していたが、日本での運動はそれと連動する形で推進された。

在大阪新幹会支会発会式のポスター(1927年12月，法政大学大原社会問題研究所所蔵)

在日朝鮮労総は、その目的として「経済的絶対平等」「労働者階級の解放」などを掲げた。各地に傘下団体(支部)を組織していき、組合員数も最盛時には三万人を超えた。

二〇年代半ばには、在日本朝鮮青年同盟、非合法の朝鮮共産党日本総局なども結成されたほか、二七(昭和二)年にソウル(当時京城)で創立された民族統一戦線団体新幹会の支会(支部)が東京、大阪、京都、名古屋に置かれるなど、日本での運動は朝鮮内の社会運動・民族運動の一環として展開される面が強かった。二〇年代後半には、朝鮮総督暴圧政治反対運動など、植民地支配政策に抗議の意思を示す活動が活発に展開された。在日朝鮮労総においても、「民族的解放を期する」という綱領を採択して、民族的課題にも力点を置くようになった。

もちろん、日本在住の朝鮮人労働者が置かれた特殊な状況を反映して、労働運動においては民族的な差別賃金の解消を求めたり、朝鮮人労働者が解雇の第一の対象になることに反対したりする活動を行なってもいる。

一方、日本当局の支援を受けながら「内鮮融和」を積極的に推進する朝鮮人団体として相愛会が二一年に組織された。後に衆議院議員になる朴春琴《パクチュングム》(一八九一〜一九七三)らが結成した相愛会は、朝鮮総督府警務局長だった丸山鶴吉(一九年警視総監、三一年貴族院議員)ら有力政治家・官僚の支援を受けて、関東大震災の後、労働者合宿所を設けたり就職相談・斡旋を行なったりした。これらの活動によって相愛会は、渡日してきた朝鮮人に対してそれなりの影響力を持った。しかし、中には労働ブローカーとして工場主や土木工事請負業者と結んで労働者を搾取する相愛会幹部もいたため、在日朝鮮労総などと激しい対立が生じることがあった。

在日朝鮮労総は大都市を中心に多くの傘下団体と組合員を擁していた。日本の左派労働者団体とも協力関係を持っていたが、朝鮮人の独自課題に取り組むことによって多くの参加者を得ていたのである。

日本組織への解消

しかし、国際的な共産主義運動・労働運動の路線転換の影響を受けて日本の共産主義運動が朝鮮人労働者を組織下に置く方針を打ち出し、在日朝鮮労総を日本共産党系の労働組合全国協議会(全協)に統合・吸収することを決めると、朝鮮人活動家もそれに従うこととなった。三〇(昭和五)年には在日朝鮮労総の組織は全協に解消するに至った。東京の土建労働者組合、失業者団体や大阪の化学労働組合(主にゴム工場労働者)などはほとんど朝鮮人によって組織されるという状態で、全協の活動、さらには共産党の組織も朝鮮人によって支えられる傾向が強かった。しかし、朝鮮人の多くはこのような方針転換をかならずしも受け入れたわけでない。むしろ、これら急進的な組織に加わらず、朝鮮人独自の問題に取り組む活動を続けようとした。

東亜通航組合

済州島からの朝鮮人渡航に関しては、朝鮮半島本土とは異なる管理方式がとられていた。済州島の行政長官である島司(警察署長を兼任)を会長とする済州共済組合が二七(昭和二)年に組織されたが、これは渡日希望者に渡航の案内や職業の紹介をするという名目で年一円の会費を徴収した。渡航証明書を受け取るには会費を払わねばならなかったため、渡日希望者は渡航を管理・制限されるだけでなく経済的にも負担となった。翌二八年、大阪在住の済州島出身者は大会を開いて、済州共済組合の廃止を要求し渡航の自由を求める声をあげた。

済州島出身者は同時に済州島と大阪を結ぶ連絡船の運賃が高いことにも抗議の意思を示した。この航路では二三年に海運会社尼崎《あまさき》汽船部が、翌年には朝鮮郵船株式会社が定期連絡船の運航を開始していた。尼崎汽船部が運航した君が代丸は多くの朝鮮人を運んだことで知られる。

これら日本の会社による独占状態に対抗して、大阪在住者を含む済州島住民自らの力で船を就航させ、運賃を引き下げようとする運動が展開された。それが三〇年に組織された東亜通航組合である。「我らは我らの船で」を合言葉に自主的に連絡船を運航することをめざした。済州島と阪神地域に支部を置き、一万人を超える組合員を有したこの組合は、実際に船を購入して運航を行なったが、船が座礁したり、日本の海運会社が運賃をダンピングしたりしたため、三三年には運航を停止せざるを得なかった。民族運動を図っているとして警察が幹部らを検挙するなど弾圧を加えたことも、運航停止の大きな理由であった。

生活を守るたたかい

三〇年代前半には在日朝鮮人の生活を守る活動が展開されたことが注目される。東亜通航組合もその一つであったが、いくつかの都市で組織された朝鮮人の消費組合がその代表である。関西地方では東亜通航組合のメンバーと重なりながら運営された阪神消費組合のほか、大同消費組合、東大阪消費組合など多数の組合があった。関東地方では、多摩川無産者消費組合や城北消費組合など左翼系の日本無産者消費組合連盟加盟の組合が存在していた。食料品の共同購入などを通じて生活を守る活動が中心であったが、朝鮮料理の食材を扱う組合もあった。

大阪では、無産者医療運動の中で朝鮮人診療所が設けられた。日本語の話せない朝鮮人、特に女性にとっては日本の医療機関は遠い存在だったため、朝鮮人医師のいる診療所が必要だったからである。

その点でユニークな存在は、京都の向上館である。子どもたちの夜学・幼稚園を運営していたクリスチャンの高光模《コグァンモ》が集住地区の近くに建てた向上館は、三九年から助産院と診療所を併設し、高の妻が助産婦を、京都帝大医学部に学ぶ朝鮮人留学生が医師を務める医療機関として運営された。朝鮮内で募金をしたり、日本人クリスチャンの支援を受けたりもしたが、自動車運転手をしている朝鮮人グループが幼稚園の送迎を買って出るなど、在日朝鮮人の自主的な福祉活動として他に例を見ないものであった。

第2章

協和会体制と戦争動員

大阪鶴橋商店街(1936年頃)　左上にハングルの看板が見える(提供：毎日新聞社).

1　世界恐慌期の渡航・移民問題

日本の失業問題と朝鮮人労働者

一九二〇年代後半、昭和恐慌の時期に朝鮮人労働者が増え続けたことは、日本の当局者の目に深刻な問題と映った。特に大阪など大都市の行政当局は、失業問題、社会問題の一部として朝鮮人労働者問題を意識することになった。一九二五（大正一四）年から大都市で失業救済事業（冬期などに土木事業を行なって失業者を吸収しようとしたもの）が開始されたが、就労者の相当数が朝鮮人であった。二五年には一二％ほどであったのが、二八年には五五％にのぼった。

行政当局者は、朝鮮人を日本人失業者を圧迫する存在とみなし、失業救済事業の対象からなるべく排除する必要があると考え、また根本的には朝鮮人渡航者を減らさねばならないと主張した。この時期に大都市の行政当局が在日朝鮮人の実態調査を実施し調査報告書を作成したのは、このような背景の下でであった。

社会政策審議会と「労働手帳」

二九（昭和四）年、日本政府は社会政策審議会を設置して、労働組合問題、農民問題、失業者問題など深刻化する社会問題への対策を議論した。これをもとに労働組合法案、小作法案などが作成されることになるが、失業者問題では朝鮮人労働者に対する対策も取り上げられた。

審議会の特別委員会では、朝鮮人の内地渡航の抑制に関する議論が交わされ、その決議「朝鮮在住労働者の内地渡航問題に関する調査要綱」には、「朝鮮に於て産業の振興、資源の開発、事業の起興等失業の防止並救済の方法を講じ以て朝鮮在住労働者の内地渡航を必要の限度に止《とど》めしむること」「朝鮮在住労働者が漫然内地に渡航するは益々内地に於ける内鮮人の失業問題を深刻ならしめ彼我相互の不幸を招来するものなるを以て朝鮮当局は管内に這般《しゃはん》の事情を周知せしむると共に内地当局と協力し之が阻止に関し一層有効なる措置を講ずること」などが記された。しかし、この要綱の実施については朝鮮総督府に託すことが決められただけで、要綱そのものも「絶対秘密」とされ、答申に盛り込まれず、公表もされなかった。朝鮮人への差別を含むような対策を公にすることがはばかられたからである。

審議会での議論を受けて実施されたのは、「労働手帳」制度である。これは失業救済事業に応募するには登録をして手帳を受け取らねばならないとするもので、登録に際しては一定期間の居住要件を満たしていることなどの基準が設けられた。これによって朝鮮人の登録をなるべく排除しようとしたのである。実際、三〇年代前半には失業救済事業で働く朝鮮人は減少していくことになる。登録者に占める朝鮮人の比率は、三一年二八％、三二年二四％となった。

在日朝鮮人政策を閣議決定

社会政策審議会での議論と決議の後、朝鮮内でも失業者を土木工事などに吸収する事業が実施されたが、緊縮財政の下での事業であったため、きわめて限定されたものとなった。渡日者が一時減少を見たのは、世界恐慌によって就労先がなかったからであった。

日本経済が回復基調に向かった三三(昭和八)年頃には再び渡日者が増える傾向を見せた。労働運動、社会運動に参加する朝鮮人が多かったことも、日本の当局者にとって警戒すべき現象となっていた。また、三一年の満洲事変、翌年の満洲国樹立によって、日本が中国東北地方を支配するようになったため、日本に渡航する朝鮮人の振り向け先として満洲を利用することが可能となった。二〇年代にも朝鮮人の渡航先を日本ではなく満洲にすべきだとする議論がなされていたが、そこはあくまで中国の領土であり、日本人や朝鮮人の土地所有権の問題も解決しておらず、朝鮮人の満洲移住を政策的に実行する条件はなかったのである。

在日朝鮮人に対する政策は、こうして日本内地にとどまらず、朝鮮や満洲を含む「日本帝国」全体の中で位置づけられるものとなった。内務省、朝鮮総督府などの協議にもとづいて、日本政府は三四年一〇月三〇日閣議で「朝鮮人移住対策の件」を決定した。政府が本格的な在日朝鮮人政策を決めたのはこれが最初である。

閣議決定は「内鮮人間に事端を繁からしめ内鮮融和を阻害するのみならず治安上にも憂慮すべき事態を生じつつあり」との認識から、日本渡航者を減らすために、「一、朝鮮内に於て朝鮮人を安住せしむる措置を講ずること」「二、朝鮮人を満洲及北鮮に移住せしむる措置を講ずること」「三、朝鮮人の内地渡航を一層減少すること」「四、内地に於ける朝鮮人の指導向上及其の内地融和を図ること」の四項目をあげている。第四項の細目として、「朝鮮人保護団体の統一強化とその指導、奨励、監督」「朝鮮人密集地帯の保安、衛生、その他生活状態の改善向上」「朝鮮人の指導教化、内地への同化」が掲げられた。これにもとづいて日本在住朝鮮人に対する統制・管理機構として協和会が組織され、「融和」「皇民化」が進められていく。また、「密航」の取り締まりも閣議決定以後強化された。

閣議決定は、朝鮮人渡航の増加が日本帝国全体の政策に大きなインパクトを与える要因であったことを示していた。閣議決定では、内地渡航の制限と合わせて、朝鮮内での生活安定、そのための窮民救済事業の実施などが決められ、さらに満洲や朝鮮北部への朝鮮人移住の促進が謳われた。ここには記されていないが、朝鮮内で労働力を吸収する産業の育成がなければ朝鮮人の内地渡航を抑制することはできないとする認識を日本政府・植民地当局が抱いていたことも、閣議決定の背景にあったと考えられる。三〇年代の朝鮮ですすめられた工業化の要因の一つとして、朝鮮人労働者の日本流入を抑制しなければならないという認識があったのである。日本の朝鮮支配は、世界史的に見て植民地工業化を許容した稀有な例としてあげられることがあるが、それは帝国本土の社会秩序維持・防衛のためにとられた政策と関連するものであったといえる。

「密航」取り締まりの強化

閣議決定にもとづいてさまざまな政策が実施されることになった。その一つが「密航」の取り締まりである。同じ日本の領土でありながら、朝鮮人が日朝間を往来するには渡航証明書(日本からの場合は「一時帰鮮証明書」)が必要であったが、それを持たずに連絡船に乗ったり、「密航船」で渡日を図ったりする者に対する取り締まりが厳しくなった。連絡船乗船の際の証明書のチェックが厳格になされ、朝鮮南部や西日本の海岸地方では「密航船」の摘発が強化された。「密航」を摘発された者は、内地側だけで三八(昭和一三)年に約四三〇〇名、三九年には約七四〇〇名に上った。摘発された者のほとんどは朝鮮に送還された。

さらには、「密航船」の摘発にとどまらず、戸口調査を通じて内地に居住している朝鮮人の中にも「不正渡航者」がいないかどうかを調べるなど、朝鮮人コミュニティ全体が捜査の対象になった。

そもそも三〇年代半ば以降、渡航証明書の発給自体が抑制されたため、日本渡航を望む者が希望をかなえることが難しくなっていた。地元の警察に渡航を願い出た者のうち、六割ほどは証明書を受け取ることができなかったのである。ただし、家族がすでに日本に居住している場合は、証明書を受け取ることが比較的容易だったので、日本で働く夫のもとに行く妻子などの渡航が多くなった。

そのため、この時期の日本在住朝鮮人人口においては、女性や子どもの比率が急速に高まることになった。すでに述べたように、三〇年代には男女人口の比率が格差解消の傾向を見せたが、国勢調査の数字を詳しく見ると、二〇歳から五〇歳までの年齢層の男女比が三〇年には三・七対一だったのが四〇年には二・一対一へと大きく変わり、また女性の有業者比率が二〇％から一一％へと減少している。これらの数字は、朝鮮から夫のもとに呼び寄せられた妻が多かったことを示している。当局の渡航管理政策は在日朝鮮人の家族形成を促す要因として作用したのである。

2　朝鮮人コミュニティの変容

すすむ階層分化

日本に居住する朝鮮人が増え、集住地区が形成されると、それを基盤にして商業活動などの事業を行なう者が現われるのは当然であった。故郷の土地を処分して、それを元手に商売を始める者もいた。大半は朝鮮人を相手とする朝鮮料理の食材販売、料理店、服飾店、漢方薬店などであったが、日本人客が利用する料理店なども少数ながら生まれていった。一九三〇年代に朝鮮で流行し始めていたレコードを販売する業者もいた。これらはエスニック・ビジネスと呼びうるものであり、前述の労働下宿もその一種といえる。

また、土木工事の飯場を運営したり、自ら土木建築業を営んだりする者も現われた。工場労働者が技術を身につけて独立し、小規模工場を経営するようになる者もいた。大阪や神戸のゴム工業、京都の染色工業の経営者などがその典型である。これらは戦後の在日朝鮮人企業につながるものであった。

こうして、三〇年代には朝鮮人コミュニティ内部で次第に階層分化が進むことになった。コミュニティのまとめ役、有力者になったのは、それまでの学識のある者、労働者のリーダーに加えて、経済的に地位を上昇させた小経営者であった。

朝鮮語メディアの発行

日本における朝鮮人の雑誌や新聞の発行は、一八九〇年代後半の『(留学生)親睦会会報』や一九一〇年代の在日本東京朝鮮留学生学友会機関誌『学之光』など、留学生によって始まった。

しかし、これらの留学生メディアは日本在住朝鮮人の問題にはあまり関心を向けなかった。朝鮮内の言論が事前検閲によって削除されたり発行が禁止されたりしたのに対し、内地では検閲が緩やかな状況を利用して、民族意識を高め、植民地の現状を訴える言論活動を目的としていたといってよい。

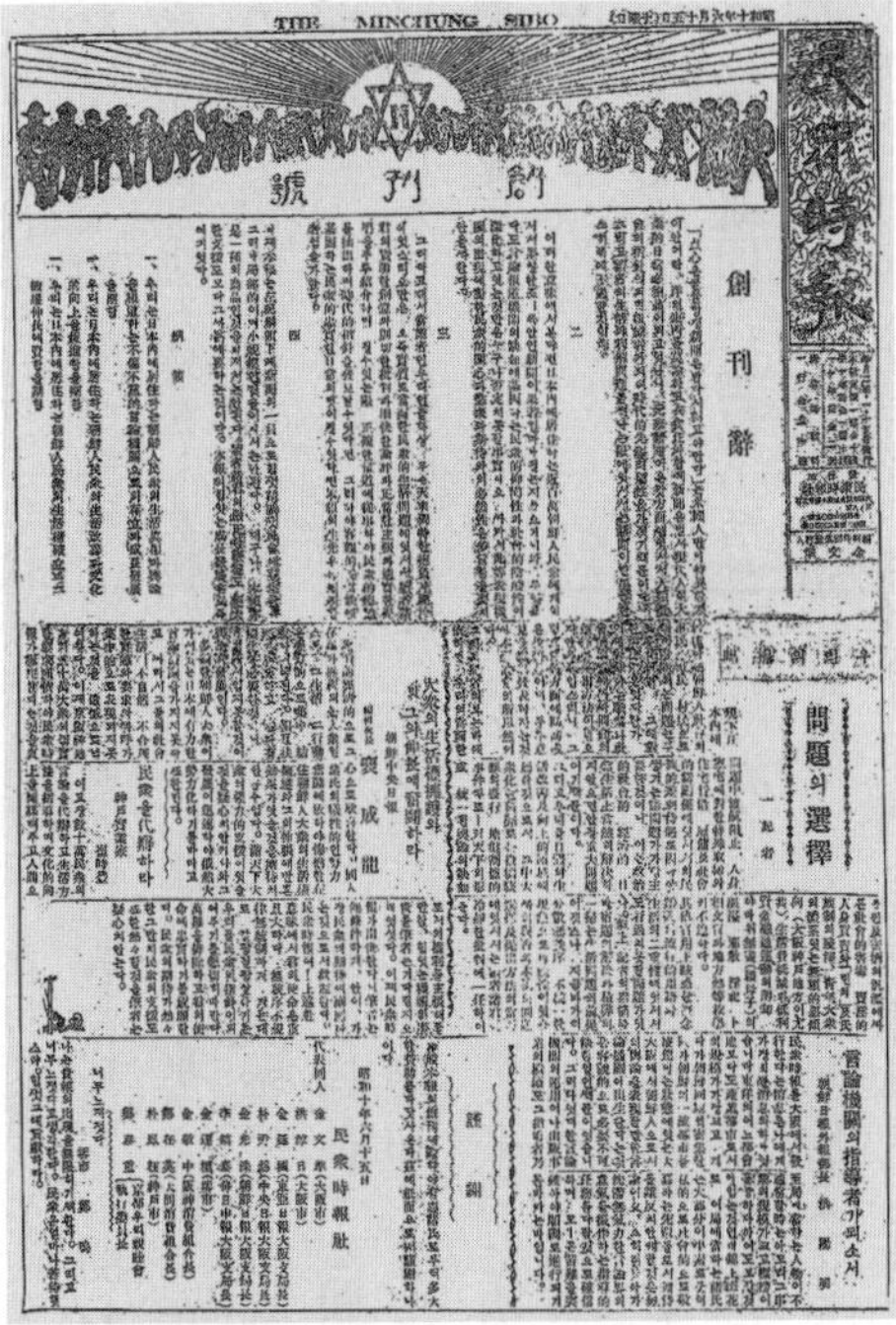
THE MINCHUNG SIBO

創刊號

創刊辭

問題의 選擇

『民衆時報』創刊号(1935年6月15日)

二〇年代末から三〇年代前半の時期に、在日朝鮮人労働運動が日本の左翼労働運動に吸収される中で、朝鮮人労働者とその家族の置かれた状況にも関心が向けられるようになった。全協系の労働運動が壊滅した後、三〇年代半ばに東京や大阪で在日朝鮮人による新聞発行の試みがなされた。大阪では全協の活動家であった金文準《キムムンジュン》（一八九四〜一九三六）を中心として『民衆時報』が三五（昭和一〇）年六月に創刊され、日本に居住する朝鮮人の生活に関わるさまざまな問題を論じる文章が掲載された。労働、住宅、教育、商売など広範な問題を取り上げ、解決策を模索し提示するメディアだったが、翌年九月警察によって関係者が検挙され、発刊不能となった。

東京でも同じ時期に、労働運動・共産主義運動の経歴がある金天海《キムチョンヘ》（一八九八〜？）らによって『朝鮮新聞』、全協の活動家だった金浩永《キムホヨン》（一九〇七〜？）らによって『東京朝鮮民報』（のち『東京朝鮮新報』）が発行されたが、やはり三六、三七年には禁止され、金天海らは再び検挙された。これらの朝鮮人メディアは日本共産党再建を図るものとみなされて弾圧され、長く存在することができなかったが、在日朝鮮人の独自の問題に目を向けた点で大きな意義をもつものであった。また朝鮮人自身が書いた文章が掲載されており、当事者の声や朝鮮人コミュニティのありさまを記録した貴重な資料となっている。

『民衆時報』『朝鮮新聞』などは朝鮮語によるメディアであり、ハングルの活字を持つ印刷所が朝鮮人によって経営されていたことも注目される。また、朝鮮内で発行される朝鮮語新聞『東亜日報』『朝鮮日報』も日本に支社を置き、在日朝鮮人の状況やその活動を報じ、在日朝鮮人と本国とを結びつける役割を果たした。

戦時期には、日本当局に協力して「内鮮一体」を主張する『東亜新聞』（三五年～四三年頃、名古屋、日本語）なども発行された。

多様な文化活動

在日朝鮮人の間では文化活動も生まれていた。日本留学中に文学活動を行なった者に、植民地期の小説家としてもっとも有名な李光洙や雑誌『創造』（一九年創刊）の同人らがいるが、作品の多くは朝鮮人インテリを主人公とするものであった。在日朝鮮人とその生活を描く作品が現われるのは、二〇年代後半のことである。朝鮮人労働者の姿を描く文学作品が日本のプロレタリア文学雑誌『戦旗』に掲載され、また朝鮮語雑誌として発行された『芸術運動』『無産者』などに小説、詩、ルポルタージュなどが掲載された。

これらプロレタリア文化運動関係の雑誌が弾圧で廃刊になった後は、日本の総合雑誌や文芸雑誌に文章を寄せる朝鮮人作家も現われた。張赫宙《チャンヒョクチュ》（一九〇五～九七）、金龍済《キムヨンジェ》（一九〇九～九四）がその代表である。張の小説の多くは朝鮮を舞台とするものだったが、三七年六月の『改造』

崔承喜舞踊公演会のポスター（1941 年）

に書いた「朝鮮人聚落を行く」は東京の朝鮮人集住地区を生き生きと描いたルポルタージュである。同年に張が脚本を書いた演劇「春香伝」（新協劇団、村山知義演出）は日本人にも人気を博し、朝鮮公演も行なわれた。金龍済は日本のプロレタリア文学運動に参加した詩人で、社会運動に挺身する朝鮮人を描いた詩「愛する大陸よ」（『ナップ』一九三一年一〇月号）などを書いた。

東京帝大に学んだ金史良《キムサリャン》（一九一四～五一）の作品「光の中に」が芥川賞候補になったのは四〇年上半期のことである。この作品では在日朝鮮人の子どもが置かれた状況が描かれており、在日朝鮮人文学の嚆矢と評される。金はその後、朝鮮でも旺盛な文学活動を行なったが、戦争末期に中国共産党の根拠地延安に脱出して朝鮮独立運動に加わった。朝鮮戦争時に朝鮮人民軍の従軍作家として南朝鮮に赴き、そこで戦死した。

日本での文学活動が朝鮮語と日本語の間で揺れ動いたのとは異なり、演劇活動は多くの朝鮮人に理解できるよう朝鮮語で行なわれた。三〇年代には三一劇団、朝鮮芸術座などの劇団が組織されたが、警察の弾圧で長く続かなかった。

女性舞踊家崔承喜《チエスンヒ》（一九一一～六八）は日本で舞踊を学んだ後、朝鮮に帰って有名になったが、日本でもしばしば公演を行ない、在日朝鮮人の間でも絶大な人気を博した。のちに協和会に協力して公演を行なうこともあったが、在日朝鮮人にとっては朝鮮文化の香りを味わえる舞踊という意味を持っていた。

また、朝鮮人の多く住む都市では、朝鮮から訪れた楽団や舞踊団の公演が開かれることもしばしばだったが、在日朝鮮人による楽団も結成され各地で公演をしたこともある。朝鮮色の濃い大衆芸能を受け入れる素地が朝鮮人コミュニティにあったのである。

参政権と朝鮮人議員

戦前日本在住の朝鮮人には参政権が認められていた。朝鮮内では認められていなかった衆議院議員の選挙権を、日本に住む朝鮮人は行使することができたのである。これは選挙法で選挙区が設定されている市町村に一定期間居住している「帝国臣民」（二五歳以上の男子のみ）に投票権を認めていたからである。

一〇年代には日本政府はそのような解釈を明言していなかったが、一九二〇(大正九)年に朝鮮人にも選挙権があるとする解釈をとることになった。ただし、二五年に普通選挙法が成立するまでは納税額の制限があったため、実際に選挙資格を持つ朝鮮人は多くなかった。普通選挙法成立後も居住要件を満たせない者が多く、また朝鮮人の要求を汲み上げるような候補者がいないため選挙に関心を持つ者が少なく、全般的に在日朝鮮人の選挙への参加は低調であった。三〇年の総選挙での朝鮮人有権者の投票率は四〇%程度ときわめて低いものであった(日本人の投票率は八〇〜九〇%)。

それでも二〇年代後半には、在日朝鮮労総などの団体が日本の無産政党に期待を寄せて、選挙に関わっていく動きを見せたこともある。そのような中から「ハングルでの投票を認めよ」という要求も掲げられ、内務省も三〇年にはハングル投票を認めることとしたが、候補者名の日本語読みをハングルで表記した票のみを有効とするものであった。当時の朝鮮人がよくしていたように名前の漢字を朝鮮語音で読むというやり方で、投票用紙に候補者名をハングルで書いた場合は無効票となったのである。

三〇年代には市町村レベルの議員選挙に立候補する朝鮮人も現われ、中には実際に当選する者もいた。彼らのほとんどは朝鮮人有力者であり、当局に協力的な姿勢を示しながら、ある程度は朝鮮人コミュニティの利害を地方行政に反映させようと努力することもあった。

そのような中でもっとも目立つ活動をしたのが相愛会の朴春琴である。朴は三二年の総選挙に東京で立候補し、日本人政治家らの支援を受けて当選した。衆議院で朝鮮問題をしばしば取り上げて発言した。その内容は「内鮮融和」「内鮮一体」を図るには朝鮮人に対する差別を解消すべきであるというようなものであった。朴は落選を経ながらも四二年まで衆議院唯一の朝鮮人議員として広く名を知られる存在であった(戦後は一時、在日本大韓民国居留民団中央本部顧問を務めた)。

3　協和会体制

在日朝鮮人の管理・統制組織

関東大震災の後、日本の当局者は日本人と朝鮮人との間で対立感情が深まることは社会秩序、治安維持にとって好ましくないと考え、「内鮮融和」を目的とする団体を大都市でつくっていった。一九二四(大正一三)年に大阪府内鮮協和会、二五年以降には神奈川県内鮮協会、兵庫県内鮮協会などが設立された。宗教家、社会事業家などの民間有志と地方行政当局者が関わるこれらの団体は、職業紹介・共同宿泊所・

夜学校などの事業を通じて朝鮮人の「保護救済」を図ったが、社会秩序を乱す要因を朝鮮人側に見出し、それを抑えるために「内鮮融和」を掲げたものであった。これらの組織は資金不足などもあり、実効性のある活動をしたとはいえない。また、二〇年代には困窮者救済を目的とする方面委員(現在の民生委員の前身)制度が整備されたが、方面委員が朝鮮人をその対象とすることもほとんどなかった。

三四年の閣議決定(四九ページ)によって、在日朝鮮人の管理・統制、日本社会への同化が大きな課題として掲げられた後、それを実行する団体として協和会が各府県に組織されていった。内務省は三六年八月の通牒「協和事業実施に関する件」で、朝鮮人の保護救済に加えて「国民精神の涵養」「生活の改善向上」「警察保護の徹底(犯罪防止、衛生施設の充実)」などの協和事業を行なうよう各府県知事に指示した。これを受けて同年のうちに東京、大阪、神奈川、兵庫、京都、愛知、山口、福岡に協和会が組織された後、朝鮮人人口の少ない地方でも協和会がつくられた(沖縄県を除く)。そして三九年には、財団法人中央協和会が設けられ、理事長に関屋貞三郎(もと朝鮮総督府学務局長、貴族院議員)のほか、理事・評議員に総督府官僚経験者や内務省・厚生省次官などが就いた。実務は厚生省・内務省から派遣された嘱託が担当したが、主事となった武田行雄(内務省・朝鮮総督府官僚)は、四一年には厚生省の協和官(協和事業を主管する役職)

となった。こうして、協和会は財団法人でありながら、当局の在日朝鮮人対策を主管する組織となったのである。

協和会と在日コミュニティ

各府県の協和会は、それ以前に存在していた「内鮮融和」団体、あるいは警察指導下に組織されていた矯風会を改編したり、新たに協和会を組織したりしたものであったが、いずれの場合も会長に府県知事、幹部に警察部長、特高課長や府社会課長などが就任した。支部は警察署内に置かれ、支部長に警察署長、常任幹事に警察特高係長、幹事に特高係巡査や社会事業担当職員、指導員に地域有力者が就任したが、実際の活動は特高警察の指導下に行なわれた。

しかし、警察力だけで協和会の活動を展開することは不可能であったため、次第に朝鮮人の中の有力者や地域の世話役を補導員に任命して、活動を担わせようとした。協和会が組織されたことによって、それまで存在していた民族団体は、親睦団体や同郷団体も含めて解散されたり、活動を制限されたりしたが、補導員にはそのような団体で活動していた朝鮮人が任命されるケースが多くみられた。補導員となった朝鮮人は当局に協力する一方で、朝鮮人側の要望を当局に伝え、生活を守る役割を果たす場合もあったが、解放後には親日活動・戦争協力を批判され、それが左右対立を深めることとなった。戦時期の協和会は、在日朝鮮人コミュニティに大きな分断をもたらしたのである。

戦争動員の活動

協和会は日中戦争勃発後の総動員体制の下で在日朝鮮人を「皇民化」し、戦争に動員するための活動を展開した。神社参拝、皇居遥拝、国旗掲揚など日本精神の発揚や、日本語常用、和服着用、日本料理の普及など日常生活の「内地化」を図るとともに、勤労奉仕、国防献金募集・貯蓄奨励、金属類供出など戦時体制を支える活動を行なった。勤労奉仕は道路・河川の改修工事や護国神社造営工事などで無償奉仕するものであった。また、協和会の各種会合や神社参拝の際には、朝鮮総督府が制定した「皇国臣民の誓詞」を唱えさせるなど、植民地支配の方策が在日朝鮮人に対しても実施されるという側面を持っていた。

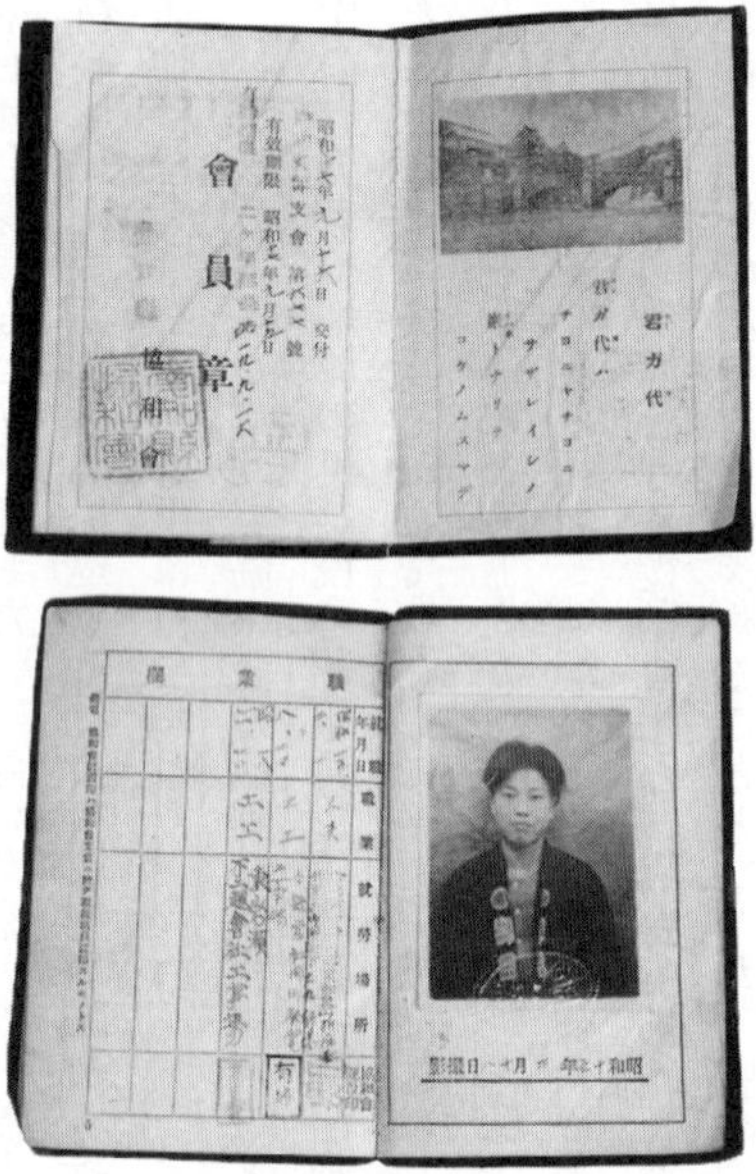

協和会会員章(手帳)

四〇(昭和一五)年には協和会会員章が発行され、会員(世帯主)・準会員(世帯主に準じて働いている者）約四五万名に配布された。「協和会手帳」とも呼ばれた会員章には、顔写真が貼付され、姓名、本籍、現住所、勤務先が記載された。家族欄のほか、国防献金など協和会活動への参加・寄与の金額を記載する欄も設けられ、また就労先などの変更があった場合はそれを記入するページもあった。このように会員章は、支部（警察署）で作成する会員章交付台帳と合わせて、在日朝鮮人を管理するシステムとして機能した。会員章を持たない朝鮮人は雇用しないとされるなど、強制労働の現場から逃亡した者の捜索にも利用された。

「皇民化教育」の実態

三〇年代半ばに朝鮮人の自主的な教育機関が閉鎖された後、朝鮮人の子どもたちは日本の学校に通うことになった。当局は学校教育を通じて日本への同化、日本精神の注入を図るために、それまでの放任姿勢を改め朝鮮人の子どもを積極的に学校に受け入れて「協和教育」「皇民化教育」を施す方針に転換した。

しかし、朝鮮人の子どもたちを待ち受けていたのは、学校での差別的な扱いであり、自己否定を強要される教育内容であった。

三八年に下関の学校が作成した資料は、全校児童の約二〇％を占める朝鮮人児童の性格を「無気力、不熱心、勉学心乏し、積極的気風を欠く」「剛情強い所があるかと思うと軽率、雷同的」「不道徳的行為を平気でやる」「虚言を何とも思わず、羞恥心に乏しい」など、あらゆる否定的言辞で貶《おとし》めた上で、それを矯正するには「日本人意識日本精神」を持たせ、「日本人の真の力を敬仰景慕せしめ日本児童たることを至高とし感謝する情念を養う」ことが必要であるとしている。

このような教育方針のもとで、子どもたちは朝鮮人であることを徹底的に否定され、自らもそれを否定しなければならない状況に置かれた。

農業に従事する人びと

在日朝鮮人の職業として農林業をイメージすることはあまりないが、戦前においては農林業従事者も少なからず存在していた。一〇年代から日本人地主の下で働く朝鮮人の姿が見られるようになり、表2(三〇ページ)に見るように三〇(昭和五)年の国勢調査では、朝鮮人有業者のうち農林業従事者は七・七%となっていた。近畿地方を中心とする西日本と北海道に農林業従事者が多かったが、自作農や小作農など自ら農業経営をする者は少なく、ほとんどが作男(年雇)か季節的な農業労働者であった。林業の場合は、炭焼きが大半であった。

日中戦争以降、戦争が長引くにしたがって日本人農民が減少する一方で、戦争のために食糧増産が求められたため、空いた農地を朝鮮人が耕すという現象が各地で生じた。小作をする者が増え、中には自らの土地を持つ自作農になった者もいる。四三年には、自作三九〇戸、小作八七二三戸、農業労働者一八一七戸となり、人数では二万七千人に上った(大阪府を除く)。

しかし、日本の農政当局者は朝鮮人の農業参入に警戒感を示していた。「農は国の本」という観念に縛られ、異民族である朝鮮人が内地で農地を持つようになることに危機意識を抱いたのである。このような当局者の警戒感にもかかわらず、戦時期に農業に従事する朝鮮人は増え続けた。都市での奢侈品製造が統制されたため仕事を失った朝鮮人が農村に移り土地を耕したり、戦争末期には空襲を逃れるために都市から農村に移ったりする者もいたからである。

戦後の高度経済成長期に農業に従事する朝鮮人は急減し、大都市に人口が集中したため、在日朝鮮人と農業とのつながりは忘れられることになったが、戦前においてはそれなりに重要性をもつ問題であった。

樺太の朝鮮人

樺太《からふと》(サハリン島南部)は、日露戦争の結果、日本の領土となったが、土着住民の人口が少なく、日本人移住者が多数を占めたため、内地に準じる扱いを受けていた(法的に内地に編入されたのは四三〈昭和一八〉年)。

樺太への朝鮮人の移住は、一〇年代炭鉱に雇われたのが最初だったが、その後林業の伐採労働者も増えていった。シベリア出兵時にサハリン島北部を占領した日本軍が撤退した二五年前後には、シベリア在住の朝鮮人が樺太に移ってきたこともあり、次第に人口が増え、三〇年には八千人余りとなった。土木従事者のほか炭鉱労働者、森林伐採夫、農牧業従事者が多かったのが、樺太在住朝鮮人の特徴である。

三九年以降の強制連行・強制労働の時期には、樺太の炭鉱に多くの朝鮮人が送り込まれた。その数は二万人近くに上ると見られるが、戦争末期になると九州や北海道の炭鉱に移動させられた者も多く、正確な数字をつかむことができない。日本敗戦時に樺太にいた朝鮮人の数は四万人以上といわれるが、これも正確には不明である。

戦後、ソ連領となった樺太からは、引き揚げ協定にもとづいて日本人が引き揚げたが、朝鮮人は引き揚げの対象とされず、サハリンに取り残されることになった。戦時期に動員された際、故郷に残してきた家族と連絡もとれない状態が長く続いた(ソ連崩壊後、ようやく韓国に帰ることができるようになった)。日本の植民地支配と戦争動員が生み出した大きな悲劇である。

4 強制連行・強制労働

労務動員の三形態

一九三九(昭和一四)年、日本の戦争遂行を目的として朝鮮人強制連行・強制労働が始まった。強制連行とは、日中戦争期に日本人男性が兵士に動員されたため労働力が不足するようになった内地に、国家計画にもとづいて主に朝鮮人男性を労働者として導入したことを指す。総動員体制を築くために国家総動員法が三八年に公布・施行されると、翌年から労務動員計画が策定され、それにもとづく労働力配置がなされたが、朝鮮人労働力もその一部として計画的に動員・配置されることになった。

政府当局が当時「集団移入」と呼んでいた朝鮮人強制連行は、三九年からの募集、四二年からの官斡旋、四四年からの徴用の三方式で行なわれた(官斡旋は徴用と並行して四四年以後も続いた)。

募集方式は、炭鉱会社などの事業主が政府と朝鮮総督府に募集申請をし、募集地域の割当を受けた上で、労務係を派遣して労働者を募集・引率してくるというものであったが、募集は朝鮮の地方官庁と警察の協力がなければできなかった。朝鮮では三九年に大規模な干ばつがあったため、農村を出て仕事を求める者が多く、募集はある程度容易であったとされるが、それでも計画数に満たない場合は、警察の威力で労働者を集めるということもなされた。

四一年頃には労働条件の悪さが伝わり、募集に応じる者が減少した。朝鮮内でも、鉱山開発や工業化が進められていた北部地方に労働者が移ったり、戦争遂行のための米穀増産が求められたりしていたことも、応募者減少の理由である。そのため、暴力を伴う強制的な動員がなされることとなった。

四二年二月、日本政府は「朝鮮人労務者活用に関する方策」を閣議決定した。官斡旋方式の始まりである。募集という手法では労働者が集まらなくなったためにとられた措置であった。朝鮮総督府および地方官庁に朝鮮労務協会を置いて、動員可能な者を調べた上で、事業主からの申請に応じて労働者を集めるという方法がとられた。その際には、地方ごとに労働者の隊や班を編成し、彼らに規律・精神訓練を施して逃亡を防止する措置が実施された。内地の動員先では、朝鮮人労働者だけが隔離され、他の者との接触が制限される場合が多かった。また、逃亡を防止するため給料を強制貯金させられた。

強制動員の認識

法的強制である徴用は四四（昭和一九）年から実施されたが、それ以前の募集や官斡旋による労働者動員が強制的でなかったというわけではない。四四年四月、朝鮮の道知事会議での訓示で田中武雄政務総監は、「官庁斡旋労務供出の実状を検討するに労務に応ずべき者の志望の有無を無視して漫然下部行政機関に供出数を割当て、下部行政機関も亦《また》概して強制供出を敢てし、斯くして労働能率低下を招来しつつある」と述べている。また内務省職員による朝鮮視察報告書（四四年七月）には、「徴用は別として其の他如何なる方式に依るも出動〔動員〕は全く拉致同様な状態である」と記されており、動員が強制的に行なわれていることは当局者・関係者のよく知るところであった。

三九年に国民徴用令が公布され、朝鮮でも施行されていたにもかかわらず、朝鮮での徴用実施が遅くなったのは、それなりの理由がある。徴用を行なうためには役所での事務手続きを踏まねばならないが、朝鮮の役所にはそれを果たす能力がなかったこと、徴用先では労働環境を一定程度整備しなければならないが、朝鮮人の主な動員先である炭鉱や鉱山の労働条件は劣悪な状態で、徴用可能な事業場として認定されていなかったこと、また徴用によって働き手を失った家族を扶助し援護する仕組みも朝鮮では整えられていなかったことなどである。

なお、戦後の五九年に外務省は、在日朝鮮人約六一万人のうち「戦時中に徴用労働者としてきたものは二四五人にすぎない」として、戦時期の労働者動員と在日朝鮮人の形成との因果関係を否定するかのような見解を表明した。現在も、これが強制連行と在日朝鮮人の形成は無関係とする議論の根拠とされることがあるが、外務省の調査は四四年以後の徴用労働者に対象を絞ったものであることに注意しなければならない。三九年以降の労務動員計画にもとづく集団移入によって日本に来た朝鮮人労働者の多くが戦争中あるいは敗戦後に帰国したことも事実であるが、そのまま日本に残った人びとも相当数いたことも間違いないところである。

入坑前に精神講話を聞く朝鮮人労働者（筑豊の炭鉱）　右列は学生を含む勤労報国隊員．

労務動員の実態

労働者動員数については、いくつかの数字があるが、ほぼ次のようになっている。三九（昭和一四）年度から四五年度までの内地への動員割当数は合計九一万人、移入実数は六七万人とされる。このほかに樺太一万六千人（割当二万人）、南洋六千人（割当二万人）が労務動員計画にもとづいて移入された。

内地での動員先は、炭鉱四八％、金属鉱山一一％、土建一六％、工場ほか二五％と推定される。日本人の労務動員とは異なって朝鮮人の場合は、労働環境の劣悪な炭鉱・鉱山・土建が四分の三を占めていたのである。その結果、戦争末期には炭鉱労働者の三割余りが朝鮮人という状態になった。しかも集団移入の朝鮮人労働者のほとんどが危険な坑内労働を担わされていた。それらの労働現場では死亡する者も多数にのぼった。

土建業の場合、初めの頃は発電所工事に就労することが多かったが、戦争末期になると地下

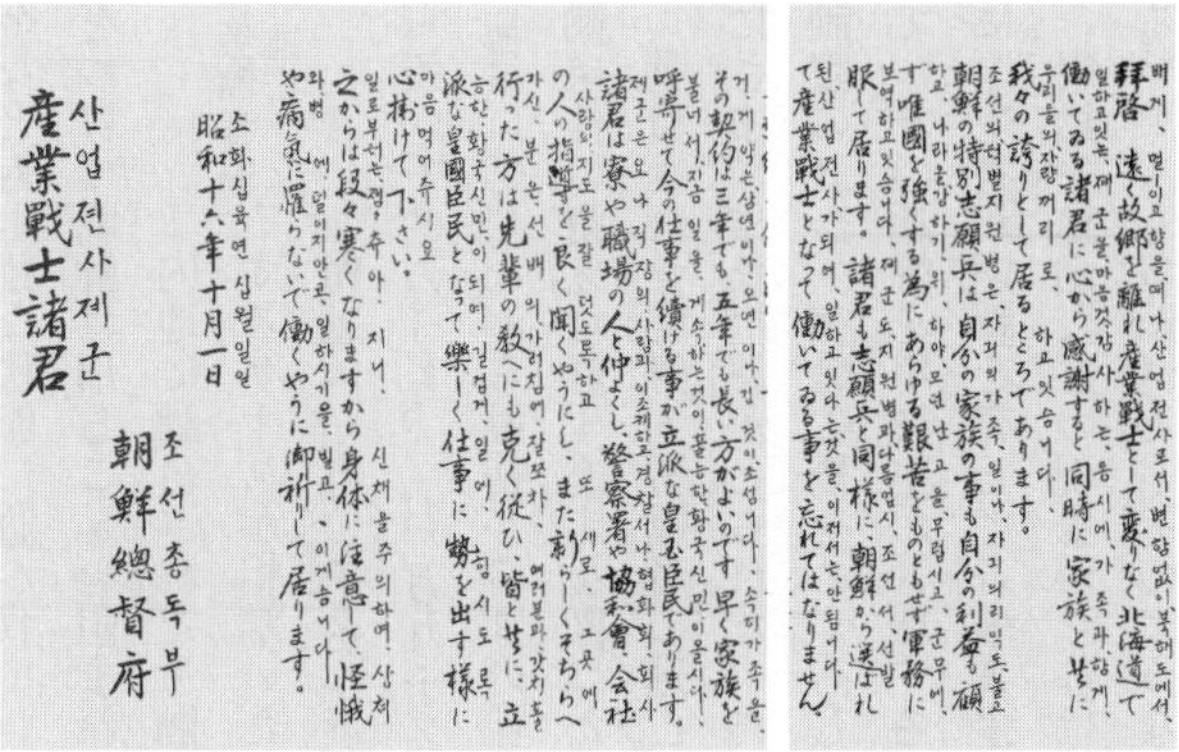
拝啓　遠く故郷を離れ産業戦士として変りなく北海道で働いてゐる諸君に心から感謝すると同時に家族と共に我々の誇りとして居るところであります。
朝鮮の特別志願兵は自分の家族の事も自分の利益も顧ず唯国を強くする為にあらゆる艱苦をものともせず軍務に服して居ります。諸君も志願兵と同様に朝鮮から選ばれて産業戦士となって働いてゐる事を忘れてはなりません。
その契約は三年でも五年でも長い方がよいのです　早く家族を呼寄せて今の仕事を続ける事が立派な皇国臣民であります。
諸君は寮や職場の人と仲よくし、警察署や協和会、会社の人の指導を良く聞くやうにし、また新らしくそちらへ行った方は先輩の教へにも克く従ひ、皆と共に立派な皇国臣民となって楽しく仕事に精を出す様に心掛けて下さい。
之からは段々寒くなりますから身体に注意して、怪我や病気に罹らないで働くやうに御祈りして居ります。
昭和十六年十月一日
조화십육연 십월일일
朝鮮総督府
조선총독부
産業戦士諸君
산업전사제군

朝鮮総督府が北海道で就労する朝鮮人労働者に送った手紙
(1941年，中間部分は省略)　炭鉱などで働く労働者に，「産業戦士」として真面目に働くこと，契約期間を延長すること，警察署・協和会などの指導をよく聞くことなどを呼びかけている．

の軍事施設や兵器・飛行機工場の建設工事で労働させられるようになった。長野県松代につくられていた地下の大本営工事に多数の朝鮮人が働いていたことはよく知られるとおりである。工場への動員は鉄鋼業が多く、四四年からの徴用によって大量の朝鮮人労働者が製鉄所で働くこととなった。

労務動員計画にもとづく労働者の内地移入は、それ以前の日本への渡航・移住とは異なるものであった。それまでは当局によって渡航がコントロールされていたとはいえ、朝鮮人が自らの意思を実現させる余地があり、職場の移動も可能であった。また、故郷に残した家族に送金することもできた。それに対し、戦時期の集団移入労働者は、職場移動が禁止され、家族への送金なども困難な状態に置かれていた。また、二年間の契約期間が終わっても、さまざまな理由をつけて朝鮮に帰ることを阻まれる場合が多かった。

労働者の逃亡

内地に動員された労働者が動員先に行く途中、あるいは就労現場から、逃走・逃亡するケースが相継いだ。集団移入開始から一年間の動員数六万五千名のうち、二〇%近い一万二千名が逃走していたとされる。四三(昭和一八)年末までの移入者数三六万六千名のうち、一一万九千名が逃走してしまっていた。逃走率は三二・五%に上る。労務動員に応じながら最初から別の仕事に就くつもりで逃走した者もあったが、動員先の劣悪な労働条件に耐えられず逃走を図ったケースが多かったと思われる。

動員された朝鮮人労働者の逃亡は、当局・経営者の最大の悩みであり、それを阻止するためにさまざまな措置がとられた。外出の禁止・制限、外部の者(特に親戚や友人)との接触の禁止・制限のほか、宿舎に柵をめぐらし監視人を立てたところもある。さらに、給料を強制貯金させて、その通帳を事業主が管理することによって、逃亡を防ごうとした。これは、四二年一一月に厚生省が通牒を発して各事業主に指示した逃亡防止策の一つであった。

炭鉱や鉱山などの現場から逃げ出した者は、労務係や警察、地元の消防団などの追跡で捕まるケースも多かった。そのような場合は、制裁の暴行を受けたり食事を与えられなかったりした。動員先から運よく逃走できた場合には、親戚・友人や集住地区を頼って新たな就労先を探し、人手不足の土建現場や軍需工場に職を得ることもある程度は可能であったが、逃亡者であることがわかると再び炭鉱などに引き戻されることとなった。

頻発する労働争議

このように厳しい労働環境と監視の下で働かねばならなかった労働者は、しばしば待遇改善や暴行の中止を求めて会社事務所に押しかけたり、サボタージュやストライキなどの労働争議を起こしたりした。契約期間満了にともなう帰還を要求する争議も多かった。四一(昭和一六)年の四九二件をピークに毎年三百件前後の争議が起きた。これは日本人労働者の争議を上回る件数であった。

これらの争議には警察が介入し、指導者を検挙し、場合によっては「独立運動を企てた」とみなして治安維持法違反で立件することもあった。また、会社側は労働者のリーダーとなる者を「不良分子」として朝鮮に送り返す措置をとって、他の労働者を働かせ続けた。在日朝鮮人の取り締まりを重要な任務とする特高警察は、強制連行期に何度も人員を拡充し、朝鮮人労働者が多く就労する事業所には巡査が常駐して、会社の労務係と協力して労働者の逃亡防止、争議の鎮圧に力を入れた。

ところで、内地の労働力不足により強制連行が行なわれるようになったといっても、それまでの渡航規制が不要になったわけではない。渡航証明書などによる渡日規制は、朝鮮人が自らの意思と希望にしたがって、あるいは縁故を頼って仕事先を見つけて渡航することを制限するものであったが、労務動員計画の目的は、労働条件の悪さから労働力が不足している炭鉱などで朝鮮人を働かせることにあった。「自由に」就労先を選ぶ者が増えると、労務動員に支障をきたすことになる。むしろ渡航規制を続けることによって、炭鉱などに朝鮮人を誘導する必要があった。そのため、労務動員と渡航規制は並行して実施されるものだったのである。

5 戦時期の在日朝鮮人

協和会体制の下で在日朝鮮人の生活は緊張を強いられ、言葉や文化の面でも日本化を強制されることになった。

朝鮮語禁止と創氏改名

一九三五(昭和一〇)年頃から警察当局は、留学生をはじめとする朝鮮人の会合・集会での朝鮮語使用を禁止する措置をとっていたが、朝鮮人側の抗議活動が続いていた。日中戦争勃発後、当局は、留学生の雑誌についても日本語による発行しか認めず、朝鮮人キリスト教会での礼拝でも朝鮮語の使用を禁止するなど、朝鮮人の実情を無視する強硬策をとった。

四〇年には、朝鮮で実施された創氏改名が日本在住朝鮮人にも適用された。改正された朝鮮民事令では、戸主は「氏」(家の名称)を役所に届け出ることが義務づけられていた。これまでの「姓」(朝鮮では父親の姓を継ぎ、一生変わることがないのが原則であった)ではなく「氏」が本名となった。しかし、在日朝鮮人の氏設定届の比率は朝鮮内に比べて低かった。それは、世帯主ではあっても戸主ではない者が多かったこと(つまり朝鮮の故郷には戸主である父親や祖父がいる者が多かったこと)、内地では朝鮮に比べて届け出に対する圧力が弱かったことなどもあったが、何よりも創氏を忌避する考えが強かったからである。

創氏改名に対する在日朝鮮人の考えを記録した特高警察の資料には、これまでは差別されるのが嫌で通称名を名乗っていたが、今後は公然と日本の氏名を名乗ることができるという賛成意見も記されているが、創氏改名に反対する多くの声も記録されている。「戸籍を内地に移すことを許さないなら名前だけ日本名に変えても意味がない」「名前を変えるのは表面上のことで、何年たっても内鮮融和はできないから我々はあくまで独自の民族としているのがよい」などが反対の理由であった。

一方で、特高警察の間では、朝鮮人が日本名を名乗ることになると日本人と区別できなくなるため、取り締まりがやりにくくなるという意見も存在していた。

創氏改名以後、在日朝鮮人も公的文書には日本的な名前で記されることになった。この時名乗るようになった日本名を戦後も通名とするケースが多く見られる。それは、植民地支配の「負の遺産」であると同時に、朝鮮の文化や風習を見下す日本社会の視線を意識せざるを得ない状況が続いているためである。

戦時期の朝鮮人コミュニティ

戦時期に協和会は集住地区に協和館や隣保館などを設置して、朝鮮人の日常生活を管理・統制し、日本化を図った。また、「生活改善」を名目に日本語習得、料理や服装の日本化にとどまらず、礼儀作法まで日本化させようとしたが、集住地区の中では完全な日本化は不可能であり、朝鮮語が使われ続けた。

また、戦争の長期化にともなって、戦場に赴いた日本人に代わって仕事を得る朝鮮人もいたが、就業先の工場が閉鎖されたため収入がなくなる者が増加し、闇商売やドブロクづくりなどで生計をつなぐ世帯が現われたのも戦争中のことである。

なお、戦争中の空襲で被災した朝鮮人は二四万人にのぼり、特に東京では朝鮮人居住者の四二％が被災したとされる。このため、四五(昭和二〇)年に入ると、朝鮮に帰る者が急増した。

「独立運動」に治安維持法適用

戦時期、特に四〇年代には、治安維持法違反容疑で検挙・投獄される朝鮮人が増えた。これは、三〇年代末に検察や裁判所など司法当局が植民地独立を図る活動を「国体変革」(天皇統治権の否定・改変)を目的とするものとみなすとする解釈をとったためであり、さらには四一(昭和一六)年の同法「改正」によって些細な言動をも処罰できるように適用範囲が拡大されたためである。

これらによって、朝鮮語や朝鮮文化を守るべきだと唱えるだけで、独立を図ったとして検挙される者が続出した。四二年に朝鮮人を徴兵の対象とすることが決定されると、それを利用して朝鮮民族の実力養成を図ったなどとして、独立運動容疑で検挙される事件も増えた。特に留学生がその標的とされた。京都で学んでいた尹東柱《ユンドンジュ》(一九一七年生まれ。四五年獄死した後、詩人として有名になった)の事件がよく知られるが、若い労働者も含めて多くの朝鮮人が検挙されている。

戦時期の内地で治安維持法によって検挙された者の三割近くは朝鮮人であったと推定される。三%弱の人口比率から考えると、その割合はきわめて高いものであった。

また、四一年一二月真珠湾攻撃の翌日に、警察は「非常措置」として全国一斉に朝鮮人「思想分子」一二四名を検挙した。この時には小説家金史良も検挙されている(五〇日後に釈放)。戦争遂行に不都合だというだけで具体的な容疑もなしに拘束したのである。

日本当局は、朝鮮人を同化し戦争動員の対象とする一方で、銃後の社会秩序を乱す恐れのある存在ととらえていた。朝鮮人に対するこのような二重の認識は韓国併合の時期から抱かれていたものだったが、戦争という状況の中で極大化したといえる。

「処遇改善」の意図

四四(昭和一九)年一二月、日本政府は「朝鮮及台湾同胞に対する処遇改善に関する件」を閣議決定した。東京が空襲を受けるなど戦局の悪化の中で植民地住民の戦争協力を引き出すために、植民地からの帝国議会議員選出を認めるなどの政治的処遇改善を実施し、合わせて内地居住の朝鮮人に対する処遇改善を図るとしたものであった。

後者に関しては、「一般内地人の啓発」「内地渡航制限制度の廃止」「警察上の処遇改善」「勤労管理の改善」「協和事業(興生事業)の刷新」「進学の指導」「就職の斡旋」「移籍の途を拓くこと」の八項目があげられている。警察上の処遇については「各般に亘り極力改善の方法を講じ努めて差別感を生ぜしめざる様配意する」としている。これらの項目や説明の文章を見るだけでも、在日朝鮮人に対するそれまでの処遇がどのようなものであったかを推測することができよう。

閣議決定以前に作成された文案では、「労務管理の改善」として「逃走防止の為にする囚人的取扱、衆視中に於ける制裁の如きを厳禁すること」があげられており、労働者の逃走を防ぐために暴力が使われていたことを当局自身が認めていたことがわかる。また「協和事業の刷新」については、「在住朝鮮同胞の言語風習等の内地化に関しては急速に之を徹底せしむること」としており、「処遇改善」とは朝鮮人にいっそうの「内地化」を求めるものであった。

これらの処遇改善方策が敗戦までの短い期間にどれだけ実行されたかは明らかでない。渡航証明書制度は四五年三月に廃止されたが、当局者は就労目的の渡航は徴用・官斡旋を原則とし、個人の「漫然渡航」は今後も禁止すると述べており、渡航制限の実態がなくなったわけではない。また「警察上の処遇改善」や「勤労管理の改善」などについても、抽象的な努力目標を書き上げているだけで、改善の効果があったかどうか大いに疑問である。

協和会から興生会へ

日本政府が「処遇改善」について検討していた四四(昭和一九)年一一月、中央協和会は名称を中央興生会に変更した。それを受けて、各府県の協和会も四五年前半に興生会に改称した。

興生会への転換は、協和会を実質的に運営してきた特高警察だけでは活動を維持することができなくなったため、他の行政職員や朝鮮人有力者を組み入れることによって戦争への協力や日常生活の日本化をよりいっそう強力に進めることが目的であった。警察署内に置かれていた協和会事務所を新たに建設した興生会館に移そうとした地域もある。

四四年から開始されていた朝鮮人の徴兵や、労働者の管理、さらに空襲に備える防空体制強化など、戦争末期の重要課題を遂行するためには朝鮮人側の協力がいっそう強く求められ、それが興生会の任務とされたが、実際にどれだけの効果があったかは不明である。

敗戦後の特高警察の解体とともに興生会も解散することになったが、協和会・興生会体制の下で進められた朝鮮人の皇民化、一部朝鮮人の親日化、さらには警察を軸とする朝鮮人の管理・統制などの問題は、戦後の日本社会、在日朝鮮人のコミュニティにも「負の遺産」として引き継がれることになる。

敗戦時の在日朝鮮人

一九四五(昭和二〇)年八月の日本敗戦の時点でどれだけの朝鮮人が内地にいたかは、正確な統計がない。戦時末期の労働者動員について正確な数字が存在しないこと、四四年秋から米軍機による空襲が激しくなったため、都市部から農村部に疎開したり、朝鮮の故郷に帰ったりする朝鮮人が増えるなど人口移動が激しくなったことなど、人口を推計する上でも不確定の条件が多い。また、四五年前半には徴兵された朝鮮人が「農耕勤務隊」の名称で愛知県など各地で軍用食糧の農作業や、航空燃料の原料にする松根の伐採作業に動員されていたことが、近年の研究で明らかになった。その数は不明だが、在日朝鮮人の人口統計に表われない形での動員である。

とはいえ、前年の人口数などから、四五年八月時点で二〇〇万人ないし二一〇万人の朝鮮人が内地に居住していたと考えられている。韓国併合の頃の数千人から三五年間で二〇〇万人に達する朝鮮人が日本に居住するようになった最大の原因は、日本による朝鮮植民地支配にあったといわねばならない。

第3章

戦後在日朝鮮人社会の形成

府中刑務所前に集まって太極旗で歓迎する朝鮮人たち
(1945年10月)

1　戦後在日朝鮮人の出発

さまざまな〝解放〟

戦後在日朝鮮人作家の第一世代ともいうべき金達寿《キムダルス》(一九一九年生まれ)は、自身の年譜に次のように記している。

「一九四五年八月、戦争が終わる。ただちに、在日本朝鮮人連盟の結成に参加する、活気横溢する。」

疎開先の宮城県でその日を迎えた歴史学者の姜徳相《カンドクサン》(三二年生まれ)も、朝鮮人が解放を祝って集った家は、「そこだけが高田(現・陸前高田市)の町の地図から切り離されたような格好で煌々と明かりがあって、ワーワー、飲めや歌えやでドンチャン騒ぎでした」(小熊英二・姜尚中編『在日一世の記憶』)とふりかえる。そういう朝鮮人の空気と、「意気消沈」「呆然自失」といった、日本人のそれとの対比は、この時代を生きた在日朝鮮人の〝解放〟にまつわる語り口の主旋律となっている。

だが、言うまでもなく、〝解放〟を迎えた朝鮮人がみな「活気横溢」としていたわけではないし、〝敗戦〟を迎えた日本人がみな「意気消沈」していたわけでもない。解放直後に治安当局（特別高等警察）によって実施された在日朝鮮人の動向調査（「朝鮮人（台湾人含）其ノ動向ニ関スル件」一九四五年九月四日）からは、これと言って解放の喜びもなく日本に引き続きとどまろうとする在日朝鮮人の姿が浮かび上がってくる。ある「新潟県在住朝鮮人」は「独立と云っても結局朝鮮はソ聯か米支の属国的存在となり現在以上に朝鮮は苦しい立場に追い込まれると思う。できることなら此《こ》の儘《まま》内地に置く様にして戴き度い」と訴えている。こうした調査結果を鵜呑みにして日本政府は、集団徴用による朝鮮人（敗戦の時点で二〇〇万人近くが日本にいた）以外、在日朝鮮人の大半が日本に踏みとどまるだろうと予測していた。

もちろん、治安当局好みの興生会関係者などを対象に、抑圧的な旧体制の余韻がいまだ色濃い中で実施されたそうした調査が、朝鮮人社会の本音や気分を正確に伝えていたとは言いがたい。だが、興生会職員や警察官、あるいは役所の官吏といった「親日派」でなくても、日本社会でそれなりに成功したり、それぞれの分野で安定した地位を得ていて、ある種の戸惑いとともに〝解放〟を迎えた朝鮮人も少なくなかったであろう。四六年、一〇万円以上の財産をもつ資産家に財産税*が課せられているが、その対象となる朝鮮人はおよそ一〇〇〇人に達していた（李光奎『在日韓国人』）。プロ野球や相撲といった実力がものをいう世界では、巨人軍の藤本（中上）英雄（李八龍、一九一八年生まれ）が投手で三番打者、しかも監督も兼任するという、球界のトップ・プレイヤーとなっていたし、後に力道山となる金信洛《キムシンラク》（二四年生まれ）も、十両に昇格して日本の相撲界で頭角を現しつつあった。

＊　四五年一一月に制定され、個人を納税義務者とし、四六年三月の時点で純資産額一〇万円超の財産保有者に対し、二五％から九〇％まで一四段階の税率で課税された。一〇万円は現在の金額で五千万円以上に値するといわれる。一年ほどで廃止された。

金達寿や作家の金石範《キムソクポム》（二五年生まれ）が、迫りくる日本帝国の崩壊をある程度予知し得ていたのに対して、少年期にその日を迎えた朝鮮人にとっては、それはやはり〝青天の霹靂〟にほかならなかった。幼くして日本に渡った姜徳相も、樺太に生まれ育った作家の李《イ》恢成《フェソン》（三五年生まれ）も熱心な皇国少年であった。その日を朝鮮の済州島で迎えた金時鐘《キムシジョン》（二九年生まれ）でさえ「日本は神国だ、天皇は神だと信じ、日本人になるべく勉強してきた」（前掲『在日一世の記憶』）という。金時鐘にとって日本の敗北は「立ったまま地の底にめりこんで、落ち込んで行くようなショックで」あった。すでに三〇年代後半には日本生まれの二世が二〇〜三〇％にのぼり、四〇年には、日本生まれのいわば第一世代の在日二世が三〇万人にも達していた。姜徳相のように幼くして日本に渡った事実上の在日二世も含めると敗戦時の在日朝鮮人の相当数が言語や発想の仕方という面で日本人一般のそれに近いものに染まっていたといわなければならない。

いずれにしても、大都市にいた一部の自覚的な知識層は別にして、日本の敗北を歴史の一大転機としてすぐさま実感し得た在日朝鮮人は、それほど多かったわけではない。北海道など僻地の炭鉱では、日本の敗北そのものが正確に伝えられず、九月まで通常の就労が続いていたともいわれる。

動き出した朝鮮人たち

だが、米軍の占領統治が日本の各地に及び、「人権指令」*が占領軍によって発せられた一〇月初旬になると、状況は一変する。この頃ともなると、日本政府の予測に反して徴用労働者以外にも〝祖国〟をめざす朝鮮人が急増し、これを支援する在日朝鮮人団体の取り組みも本格化した。下関、仙崎、さらに博多は本国への帰還を急ぐおびただしい数の朝鮮人でごった返し、下関には二〇万人もの朝鮮人が殺到した。舞鶴港で五四九人の朝鮮人とともに沈んだ「浮島丸」のように帰還にともなう悲劇も少なくなかった。** 朝鮮人の帰還についての占領軍の具体策（計画送還）が日本政府に言い渡されるのは四六年三月、それまでにすでにおよそ一四〇万人の在日朝鮮人が、戦地からの引き揚げ船の片航路などを利用して本国に帰還していた。

＊　四五年一〇月四日、GHQが日本政府に対して発した指令で特高警察や治安維持法等を廃止し、それらの法令違反で拘留・投獄されている者を一〇月一〇日までに釈放することを要求した。

＊＊　徴用者を含む三七〇〇人余りの朝鮮人を乗せて青森から釜山に向かった浮島丸(四七三〇トン)が占領軍の航行禁止の指令をうけ、八月二四日舞鶴港に停泊しようとして触雷して沈没した事件。詳しくは金賛汀『浮島丸釜山港へ向かわず』参照。

こうした帰還同胞の支援をはじめ、炭鉱や作業現場、街頭での示威や官庁への抗議行動、闇市や買出し、暴力団との抗争など、ありとあらゆる場面で朝鮮人は「解放された民族」としてふるまい始める。一〇月一〇日、金天海《キムチョンヘ》など天皇制権力に抵抗した朝鮮人共産主義者が府中刑務所(予防拘禁所)から解き放たれたことも時代の変化を印象づけた。この日の府中刑務所からは、徳田球一や志賀義雄など日本人の共産主義者の大物も釈放されているが、これを出迎えた七〇〇〇人余りの人びとの大半は朝鮮人であった。

東京、横浜、大阪、京都、兵庫など都市部では、いち早く在日朝鮮人の帰還支援や生活防衛を目的とする各種の朝鮮人団体が続々と結成されていた。大阪では、すでに八月一五日に有志数人が今里(東成区)で会合をもち、日本居留高麗人中央協議会の結成を提起している。東京では杉並、渋谷、板橋など各地区での動きが合流して、朝鮮人連盟準備委員会が結成(九月四日)

された。金達寿は、地元横須賀の自治組織（横須賀在住朝鮮人同志会）づくりで「いっときとして家にじっとしていられなかった」という。後に朝鮮総連（在日本朝鮮人総連合会）の議長となる韓《ハン》徳銖《ドクス》は横浜を中心に活動し、関東地域の朝鮮人団体全体の結集をしきりに呼びかけていた。

徴用で炭鉱などに送りこまれた朝鮮人労働者も一〇月以降には、就労拒否や本国への帰還促進を求めて動き始める。七三〇〇人の朝鮮人労働者がいた夕張炭鉱では、朝鮮人労働組合が結成され、待遇改善、帰還の促進、帰還者に対する賃金清算などが会社側に突きつけられた。四〇〇〇人近くの朝鮮人が働いた常磐炭鉱では、一〇月一九日、共産党員の金斗鎔《キムドゥヨン》などが介入し、朝鮮人労働者の抗議行動は明確な労働運動へと発展することになった。この夕張や常磐炭鉱をはじめ、朝鮮人労働者の争議は、全国各地で四二～五二カ所（約九万人）に及んだといわれる（朴慶植『解放後在日朝鮮人運動史』）。

府中刑務所を出獄し歓迎を受ける金天海（左）
（1945年10月）

一方で、「解放の喜びと独立国民という自尊心を誤解し、さまざまな不祥事」（四六年一〇月に開催された朝連〈在日本朝鮮人連盟〉第三回全国大会報告〉を起こす朝鮮人も少なくなかった。「多少知識や財産のある非良心的な層は、なんら事業もせずに、毎日、自動車と宴会に明け暮れ一攫《いっかく》千金を夢見ている。彼らは、何かの会とか同盟とかいう二、三人の団体をつくっては酒とタバコなどの物資を獲得し、私腹を肥やすなど口に出すのも憚られるような悪行を重ねている」と朝連自身が総括せざるをえなかった。

朝鮮人に限らず、敗戦直後の日本では、目前の今日・明日の糧をいかに得るかが最大の関心事となっていた。配給制度の破綻が明らかとなるなかで、焼け出された都市民の糧を賄ったのは買出しや闇市であった。闇市では朝鮮人・中国人の旧植民地出身者と日本人との対立が頻発した。占領初期には旧植民地出身者に対する日本政府の検察・裁判権は現地占領軍によって否認され、在日朝鮮人の側も敗戦国日本の法律に従う必要はないとの思いこみがあった。勢いその振舞いは、無軌道なものとなった。取り締まりに及び腰の警察当局は、テキヤや侠客とむすんで闇市での朝鮮人や中国人の台頭を押さえようとした。朝鮮人の側もこれに組織的に対抗するために朝連や共産党に頼ったのである。

闇市が隆盛した時代、つまり敗戦のどさくさの中で朝鮮人が荒稼ぎできた時代は、一年と続かなかった。社会が安定を取り戻すにつれて、逆にほとんどの在日朝鮮人は生活の糧を失い、ドブロクや焼酎の密造、日雇いや零細な食堂経営などで露命をつなぐほかなくなっていく。その一方で、敗戦直後の混乱に乗じてひとやま当てて、やがて、在日を代表する経済人として身を起こした者たちもいた。戦前、大阪で丁稚として働き、機織り技術を身につけた徐甲虎《ソカプホ》（二四年生まれ）は、戦後、軍需物資の売買で一山当てて坂本紡績を起こし、五〇年代には西日本最大級の紡績王にまでのし上がった。四一年、一八歳で渡日した辛格浩《シンギョクホ》（二二年生まれ、日本名・重光武雄）は、闇市で化粧品を売って稼いだ金を元手に株式会社ロッテを起こし、五〇年代にはチューインガム業界に進出してやがて製菓業を中心に日韓をまたぐ大財閥に成長する（朴一『〈在日〉という生き方』）。

朝鮮半島の分断と密航

植民地期に『神奈川新聞』や『京城日報』などの記者生活をへて「ひとかどの民族主義者」となっていた金達寿は、「当時の在日朝鮮人は、みな朝鮮へ帰国することを考えていた」、ところが四六年初めのころになると帰国者は減少するとともに「帰って行った者がさらにこちらへ逆流してくる、ということまでおこっていた。……朝鮮は厳しい情勢となっていて、いわゆる左派に対する弾圧も日に日に激しくなっていた」とふり返っている。

敗戦間際（八月八日の深夜）のソ連の駆けこみ参戦によって、朝鮮半島が第二次世界大戦後の米ソによる覇権争いの舞台となることが必至となった。四五年一二月、朝鮮半島を米英中ソの四大国による五年間の信託統治のもとに置くという信託統治案が発表されると、朝鮮半島はその賛否をめぐる激しい対立と混乱の坩堝《るつぼ》と化した。信託統治の賛否は、そのまま左右分裂となって解放後の朝鮮社会を引き裂いた。左右の対立は、武装襲撃やテロの応酬など熾烈をきわめ双方に死傷者が相次いだ。殺伐とした空気が解放朝鮮を覆い、深刻な食糧難や失業が南朝鮮社会の混乱に拍車をかけた。それはいったん日本から帰還した朝鮮人の〝逆流〟をもたらすとともに、やがて在日朝鮮人の社会をも深く引き裂いていく。

逆流する朝鮮人のなかには、解放された祖国を夢見て、もしくは親族に連れられて、本国への帰還の途についた二世たちも少なくなかった。新国家建設への歩みを始めた南朝鮮では在日朝鮮人は「解放民族のバロメーター」としてもてはやされ、各種の帰国支援や救護活動が複数の有力団体によって取り組まれた。だが、帰国した在日の二世たちは「朝鮮語が話せないことでイジメの対象になった」(玄武岩『コリアン・ネットワーク　メディア・移動の歴史と空間』)ともいわれ、いったんは帰国したものの、そこでの暮らしになじめず日本に舞い戻った朝鮮人も少なくない。長崎で被爆した権瞬琴《クォンスングム》(女性、二六年生まれ)は、解放後、夫の反対を押しきって先に帰還した両親のもと(慶尚北道安東)に向かったものの、「故郷に帰ってても言葉もわからんし、馴染めません。それにどうしても主人のことが忘れられんから」と、日本に舞い戻った。

在日朝鮮人のこうした逆流は、〝密航〟という形をとらざるをえなかった。占領軍は一度本国へ帰還した朝鮮人の日本への再渡航を堅く禁じていた。占領期に南朝鮮から日本への入国者として公式に記録されているのは、四九年一一月から翌年六月にかけての五〇一人にすぎない。占領軍の記録では密入国者数は一九四六年で約二万二一三二人、そのうち九八％が朝鮮人となっている。四七年五月には「外国人登録令」(後述)が公布され、密入国者は六六三〇人に減るが、四八年にはふたたび増えて八四〇八人となり、四九年に一万人近く(九四三七人)に達している。これらの数値は、密入国したものと占領軍によって把握されている数であり、四九年について言えば、逮捕されたものの比率は七〇％ほどであるとされている。占領軍のある資料(G-2の覚書 Data of Illegal Entry of Korean for the year 1930(?)-1949)は、「外国人登録令」の施行後も「相当数の朝鮮人が入国を企図して成功したことは明らかである」としている。朝鮮から日本への密航の太い流れは、日韓条約が締結された一九六五年頃まで続き、密入国者の取り締まりや退去強制のシンボルとしての大村収容所が、新たな「〈外部〉あるいは〈他者〉との分割とその閉じこめ、排除によって自らを構成するような境界」(テッサ・モーリス＝スズキ『北朝鮮へのエクソダス』)として誕生する。

「計画送還」

前述の「計画送還」(四六年四月～一二月)は、南朝鮮情勢の混乱が一段と激しさを増す時期に実施されていた。くわえて引揚者の所持金は一〇〇〇円、*携行しうる動産は二五〇ポンド(約一一三キログラム)までに制限されていた。この所持金制限は、徴用などによる単身者はともかく、長年日本に住み、わずかながらも資産を蓄えつつあった定住者にとっては重い足枷となった。けっきょく計画送還による帰還者は約八万三〇〇〇人にとどまり、残り約五五万人が引き続きこの地に踏みとどまることになる。こうして解放から四六年にかけて一五〇万人近くの朝鮮人が帰還したが、その大半は徴用や戦時の経済需要に引き寄せられた、在日歴の短い朝鮮人であった。二〇年代から三〇年代にかけての時期に日本で生活の根を降ろし、日本社会、もしくは日本と朝鮮の境界をまたぐ生活圏を築きつつあった在日朝鮮人の多くはこの地にとどまることになる。

* 敗戦直後の猛烈なインフレの中でこの一〇〇〇円の価値を推し量ることは容易ではない。四六年二月、「総合インフレ対策」の一環として「新円切換」(交換比率は一対一)が断行されているが、その際、大蔵省は都市の五人家族の一カ月の標準生計費を五〇〇円と割り出し、「五〇〇円生活」という言い方が流行になっている。

「計画送還」が終わろうとしていた四六年一二月、占領軍は、「日本に引き続き居住する」在日朝鮮人は、日本の「すべての国内法と規則に従う」べきだとした（外務省特別資料部編『日本占領及び管理重要文章集　第2巻　政治、軍事、文化篇』）。大阪では、残留した朝鮮人は「特権喪失者」とされ、「居住証明」発行の試みや朝鮮人登録の実施（四六年一二月）など、全国に先駆けて、朝鮮人管理体制の強化がはかられた。

一〇月、朝連は第三回全国大会を大阪で開き、結成以来一年の帰国支援を中心とした取り組みを総括した。そして「帰国の一段落」という状況をふまえて、「けっきょく残留同胞は恒久的に五〇万を下らないであろう」と見込んだうえで「われわれはこの同胞たちのためにすべてを半恒久的計画として樹立しなければならない」とした。

朝連の結成

解放を迎えた朝鮮人は南北朝鮮の各地で「人民委員会」や「建国準備委員会」などの自治組織づくりに精力的に取り組んだ。すでに紹介したように、日本でも朝鮮人の自治組織づくりの動きは解放とともに全国各地でみられた。そしてこれを単一の中央組織へと束ねるためのイニシアチブは、やはり、東京での取り組みの中から生まれた。一九四五年九月四日、趙得聖《チョドゥクソン》の呼びかけで権逸《クォニル》（権赫宙《クォンヒョクチュ》）、金正洪《キムジョンホン》など数人が会合して在日本朝鮮人連盟準備委員会を旗揚げし、この在日本朝鮮人連盟に大阪など各地の一四団体が呼応して、一〇日、朝連結成中央準備委員会、同常務委員会が構成される（呉圭祥『ドキュメント　在日本朝鮮人

朝連本部(東京・芝区〈現・港区〉田村町)

連盟』)。準備委員会の役員たちは全国各地に飛んで地方の朝鮮人組織に朝連に加わるよう呼びかけた。金達寿たちの横須賀在住朝鮮人同志会も準備委員会の役員の来訪を受け、「私たちもこころよくすぐその在日朝鮮人連盟に参加することにし、それの横須賀支部となることになった」(金達寿『わが文学と生活』)という。

朝連の母体となる中央準備委員会に参加したのは、東京で在日朝鮮人連盟を立ち上げた右記の三人のほかに、クリスチャンとして人望のあった尹槿《ユングン》、神奈川を基盤に活動していた韓徳銖、そして関西を代表した金民化《キムミンファ》などであった(前掲『ドキュメント　在日本朝鮮人連盟』)。趙得聖、尹槿などは党派色の薄い民族主義者だったが、権逸は満洲国司法官や中央興生会指導課長など親日派の経歴をもち、金正洪や金民化は労働運動や抗日運動を闘った社会主義者であった。

こうした多彩な顔ぶれや地域代表による調整を経て、一〇月一五～一六日の両日にかけて朝連中央総本部の結成大会が開かれる。大会では委員長に尹槿、副委員長に金正洪と金民化の両名が選出され、新朝鮮建設への貢献、世界平和、在留同胞の生活安定、帰国同胞への支援、日本国民との互譲友誼、大同団結などの一六項目が綱領として採択された。この大会は、「人権指令」による共産党幹部の出獄に力を得た金正洪、金斗鎔ら共産主義者の影響が介在する中で進み、日比谷公会堂から両国公会堂へと場所を移して開かれた大会二日目には、親日団体の役職にあった権逸ら四人が力ずくで排除されるという一幕もあった。筋金入りの共産主義者として知られ、出獄後六日目にしてこの日の演壇に立った金天海は、「朝鮮の完全独立と統一の達成へ、日本では天皇制を打倒して民主政府の樹立を、そして親日反逆分子は厳重に処断して、われわれの住みよい日本にしよう」と訴えた。

朝連の活動

朝連は、解放民族の代表たる団体として、日本にあった旧総督府や朝鮮銀行の建物・資産を接収しその財政基盤を固めた。帰国者支援を媒介に得た資金も莫大であった。帰国者の残した預金、公債などを譲り受けたり、日本政府と企業から朝鮮人被徴用者の未払い賃金や死亡者の補償金などを一部引きだしたりもした。朝連は、こうした潤沢な財政基盤に支えられて、帰国支援のほかに水害被災者の援助、闇市での朝鮮人のバックアップ、さらには教育や文化事業にも積極的にとりくみ、結成からわずか一年で全国に五四〇の支部をもつ強力な大衆団体となった。

そういう実績をふまえて開かれた前述の第三回全国大会(三全大会)では、在日朝鮮人の長期残留という見通しを踏まえ「在留同胞の権益擁護と生活の向上」が最重要の課題として提起され、これを独自に担う機関として朝鮮人生活権擁護委員会が別途組織される。四六年一二月二〇日には、連合国民に準ずる法的地位・処遇の要求、朝鮮人登録制や財産税の朝鮮人への適用反対などを掲げた「朝鮮人生活権擁護全国大会」が東京・宮城前広場で開催され、デモや代表による首相官邸への要請行動があった。

だが、首相官邸に向かった代表一〇人（共産党朝鮮人部委員であった宋性徹《ソンソンチョル》など朝連の主要幹部が含まれていた）が暴力行為を理由に逮捕され、翌年三月に強制送還されるという思わぬ事態に朝連は直面する。これは朝連が被った最初の大きな痛手であり、敗戦の混乱期を経て、占領軍の権威をバックに新たに態勢を整えた日本の治安当局の在日朝鮮人への強硬姿勢が露になった事件であった。

朝連と日本共産党

朝連結成にかかわった朝鮮人共産主義者は、戦前から日本共産党（以下、共産党）の一員としてその組織路線に忠実な人びとであった。「当時、在日で社会活動をしている人はほとんど共産党員で、わたしの父、兄、姉も党員でした」と、長野で九歳の頃に終戦を迎え、五二年には自身も党員となる金達官はそう振り返っている。そこには「生活上の理由もあった。例えば、密造酒を造ったらどこへ持っていけば売れるとかの情報や人脈が、共産党を通じて得られたんです」ともいう（前掲『在日一世の記憶』）。

こういう朝鮮人党員を代表する存在が朝連の最高顧問となった金天海であった。徳田球一を書記長として選出した日本共産党四全大会では、この金天海が七人の中央委員の一人に選出された。さらに、中央委員会の専門部の中に朝鮮人部が置かれ、金天海（部長）、金斗鎔（副部長）、宋性徹、朴恩哲《パクウンチョル》などが配属された。このうち共産党の朝鮮人政策の理論と実践の双方で重要な役割を演じたのが金斗鎔であった。金斗鎔は、『前衛』創刊号（四六年二月）に「日本における朝鮮人問題」を書き、戦後の在日朝鮮人運動が「『天皇制打倒』という問題」に対して「非常に消極的」であると批判し、「従来朝鮮人によってなされた民族的闘争を日本人民の解放闘争の方向に結びつける」ことを強調した。さらに共産党第四回拡大執行委員会（四六年八月）では「朝鮮人問題」の基本路線としていわゆる「八月方針」が採択されている。そこでは「朝連はなるべく下部組織の露骨な民族的偏見を抑制し、日本の人民民主主義革命を目指す共同闘争の一環としてその民族的な闘争方向を打出すことが必要」であるとされた。

もちろん、こういう「民族運動を日本革命に従属させる」（前掲『解放後在日朝鮮人運動史』）ような共産党の指導が朝連の運動のなかにストレートに貫かれたわけではない。そもそも、朝連は〝独立〟や〝祖国建設〟を掲げる民族団体であり、その方針は、日本ばかりではなく本国の左派民族主義勢力とも連動していた。朝連内部の共産党フラクションの間でも朝連の活動を「本国人民の闘争と連帯せしめよう」とする金天海と、「日本の民主革命一本にしぼろうとする」金斗鎔との間で意見の対立があったといわれる。

内部にこうした対立を抱えながらも、朝連は、日本革命を目標とする共産党の戦略にますます引き寄せられていく。「残留同胞」のための「半恒久的計画の樹立」を訴えた朝連三全大会は、一面では「八月方針」を具体化する大会でもあった。この大会では日本共産党の幹部でもある金天海が中央総本部顧問に就任し、翌年九月の第一一回中央委員会では朝連が日本の「民主民族統一戦線」の一翼に位置づけられる。

民団の結成と在日朝鮮人社会の分裂

朝連に対する共産党の影響は在日朝鮮人運動の左右への分裂を触発することにもなった。朝連から排除されたり、あるいはその方針を不満とする民族主義者や親日派は、朝連の結成から一カ月遅れて朝鮮建国促進青年同盟(建青)を結成し、翌年一月には、秋田刑務所から出所した朴烈を迎えて新朝鮮建国同盟(建同)を結成することになる。さらに同年の一〇月三日には建青・建同は合同して在日本朝鮮居留民団(四八年八月の大韓民国の成立にあわせて在日本大韓民国居留民団となり、九四年から在日本大韓民国民団と改称)を結成し朝連に対抗した。朝連は、建青・建同の結成直後から、これを「反動分子」として攻撃し、朝連の若手行動隊（四六年一月以降は保安隊や自治隊を名乗った）を動員してせん滅にかかった。「その時から朝連との戦争です。拳銃の撃ち合いですよ。トラックに分乗してつぶしにくるわけです。対抗するには力がなくては始まらなかった。そこで、町井とか腕力の強い武闘派が伸してきたわけですよ」。当時、建青の副委員長となった許雲龍はそうふりかえる（城内康伸『猛牛《ファンソ》と呼ばれた男』）。「町井」とは町井久之こと鄭建永《チョンゴニョン》（二三年日本生まれ）、後に約一五〇〇人の構成員を擁する暴力団「東声会」を率い、日韓の政財界で大物フィクサーとして暗躍することになる人物である。

建青が結成されて間もない一一月末、「神田の市街戦」といわれる乱闘事件が起きている。竹槍やこん棒で武装した朝連の一団が、建青の事務所を襲い、約二〇〇人が入り乱れての大乱闘となった。この乱闘のさなか一八三センチという巨体からパンチを繰りだす町井の大立ち回りがある種の武勇伝としていまだに民団関係者の語り草となっている。町井はこの頃、石原莞爾の「東亜連盟に影響を受けたインテリ青年ヤクザを気取って、東中野一帯のチンピラグループを仕切っていた」（城内康伸、前掲書）。「神田の市街戦」ではこの町井のほかにも、やはり東亜連盟に影響されていた極真空手の大山倍達《ますたつ》（崔永宜《チェヨンウィ》、二三年生まれ）がいた。朝連に比べ数の面で遥かに劣勢だった草創期の民団にあって武闘派は欠かせない存在だったのである。朝連・建青間の抗争はその後も繰り返され、四六年七月には、東京の世田谷、品川、荒川、向島、青山などで数十名から数百名規模の襲撃や乱闘が集中的に起こり、朝連の支部員二名が死亡するという事態にまで至っている。

信託統治をめぐって

在日朝鮮人運動のこうした左右への分裂は、米ソの分割占領下におかれた朝鮮半島での政治情勢の推移とも密接に結びついていた。とりわけ、四六年の初めの「信託統治問題」をめぐる左右の激突は在日朝鮮人社会全体に深い亀裂をもたらした。四六年二月に召集された朝連の第二回臨時全国大会では激論の末、信託統治案の支持や、南朝鮮で結成された統一戦線組織の民主主義民族戦線への加盟を決定した。こうして日本共産党や南朝鮮の左派との結びつきを強めた朝連の傘下には在日朝鮮民主青年同盟(四七年三月結成)や在日朝鮮民主女性同盟(四七年一〇月結成)などが組織されるが、民団は、建青以外には目ぼしい大衆団体を組織できなかった。その建青も四七年四月の配給物資をめぐるいざこざで一人が死亡するという内部抗争があり、その後ほぼ自壊状態となって五〇年には韓国政府のてこ入れで在日大韓青年団に改編される。

左右の分裂は、当初はほとんど政治色抜きで結成された学生組織(在日朝鮮人留学生同盟・朝学同)にも及んだ。朝学同は、朝鮮総督府が本土にわたる留学生のための思想統制・教育のための拠点として設立していた財団法人朝鮮奨学会を接収して、在日の学生自身の自治団体として組織されていた。だが、朝連系理事が朝鮮奨学会の理事会を制するようになると、左右両派の対立が表面化し、四九年の第四回定期総会ではこの対立が流血事態にまで至る。占領軍は奨学会ビルを警察に移管する措置を断行し、翌年五月には、右派は「在日韓国人留学生同盟」を名乗って左派と袂を分かつ。

商工人の組織も、在日本朝鮮工業会(四五年九月結成)から在日本朝鮮人商工会連合への改編(四六年二月)に至るまでは政治色抜きの団体として出発し、生活必需物資の獲得や財産税の免除など在日の共通の経済的課題に取り組んでいた。だが、朝連は、四七年一〇月には商工会連合を反動団体と規定し、朝連傘下の商工会づくりに動き、朝鮮戦争の勃発する一九五〇年には左右への分裂が決定的となる。

『民主朝鮮』の創刊

〝解放〟は、植民地支配という精神のくびきからの解放をも意味し、解放直後から文学、評論、報道など旺盛な表現活動がみられる。これをリードしたのも朝連系の知識人や文学者たちであった。この時期、報道や啓蒙とともに創作や詩などの活発な表現活動の場ともなったのは、四六年からは活版印刷となった『解放新聞』(朝鮮語)であった。大阪でも活版印刷の『朝鮮新報』(後に『新世界新聞』に改称)が刊行され、両紙を通

『民主朝鮮』表紙

じて、李殷直《イウンジク》、朴元俊《パクウォンジュン》、許南麒《ホナムギ》、姜舜《カンスン》、金達寿などが詩、短長編の小説、評論などを精力的に発表した。

この時期には、『白民』『朝鮮文化』『高麗文芸』など数多の文芸誌が朝鮮語で刊行されたが、ほとんどが短命に終わっている。そういうなかで、当時の朝鮮文学者の、いわば粋を集めて刊行されたのが月刊文化総合誌の『民主朝鮮』(四六年創刊)であった。同誌は、小説「後裔の街」(金達寿)や長編抒情詩「朝鮮冬物語」(許南麒)など、戦後の在日朝鮮人文学の出発となる数多くの名作を生み、日本の文壇にも影響を与えた。金達寿によれば、『民主朝鮮』は、大戦末期に李殷直、張斗植《チャンドゥシク》、金聖珉《キムソンミン》などとはじめた回覧誌(『鶏林』)から出発し、四六年の発刊当時は『朝鮮人』という誌名であった。『民主朝鮮』という誌名は、当時、朝連神奈川県本部の委員長であった韓徳銖の提案によるものだったという。

金達寿の出世作となる「後裔の街」の主人公・昌倫は、金達寿自身がそうであるように、朝鮮半島に生まれながら日本育ちで、母国語である朝鮮語にコンプレックスを抱いている。張《チャン》赫宙《ヒョクチュ》や金史良《キムサリャン》など植民地期の朝鮮人作家は、多かれ少なかれ日本語に対するコンプレックスに苛まれていた。その意味でも金達寿は二世世代を中心とする戦後の在日朝鮮人文学の出発点に位置する作家といえる（林浩治『在日朝鮮人日本語文学論』）。『民主朝鮮』の日本語による発刊は、「朝鮮文化の紹介と朝日交流」（『在日朝鮮文化年鑑』一九四九年版）とか、「朝鮮や朝鮮人に対する日本人の誤った認識をただすため」（前掲『わが文学と生活』）とされていたが、日本育ちの作家たちにとって日本語による創作は、間違いなくそれ以上の意味をもったであろう。

だが、日本語による創作活動については批判も少なくなかった。解放後の在日朝鮮人の文化活動を総括した一九四九年版の『在日朝鮮文化年鑑』は、「搾取と暴圧で強要された日本語で朝鮮文学が可能だとする皮相な見方は、政治性が貧弱で小市民的……朝鮮文学の正統に背馳する文学」だと手厳しい。金達寿は、その後も日本語での創作をつづけ、金石範、金時鐘、李恢成、金鶴泳《キムハギョン》、梁石《ヤンソ》日《ギル》といった作家がこれに続いた。一方、この頃『火縄銃のうた』など長編抒情詩を日本語で発表した許南麒は、その後、朝鮮総連傘下の在日文学芸術家作家同盟の初代委員長となり、六〇年代以降は、日本語での創作をやめることになる。

2　占領政策の転換

連合国最高司令官・マッカーサーの「権限」および「指針となる政策」を定めたいわゆる「初期の基本指令」(四五年一一月一日付)には、以下のような一節が含まれている。

初期の基本指令

中国人たる台湾人及び朝鮮人を軍事上の安全の許す限り解放国民として取り扱う。彼らは、この指令に使用されている『日本人』という語には含まれないが、彼らは、日本臣民であったのであり、必要な場合には、貴官によって敵国人として取り扱われることができる(八項のd)。

周知のように「カイロ宣言」は、朝鮮民族の「奴隷状態に留意」し、その解放と独立を in due course(適当な手続きを経て)という但書つきながら約束していた。だが、アメリカの戦後構想の中で朝鮮人の自治能力はきわめて低いものと見込まれていた。「初期の基本指令」にある「解放民族」という規定も、のちにアメリカ占領当局自身が認めたように、その「実際上の効果は、朝鮮人の帰還を奨励し、援助することに尽きた」(「在日朝鮮人の地位に関する在京米国政治顧問発文書五八〇号」)。

時期による現れ方の強弱があるとは言え、占領軍が在日朝鮮人を占領秩序の阻害要因と見なしていたことは否めない。こうした見方は、四六年に入って、在日朝鮮人の本国への送還による問題解決への見通しが失われたうえに、共産党と在日朝鮮人運動の結びつきが明らかとなったことによっていっそう強まる。しかも、この四六年、とりわけ五月の第一次吉田内閣成立以降は、朝鮮人非難の大合唱が国会やマスコミをにぎわした時期でもある。朝鮮人は、闇市で荒稼ぎをし、暴力的で犯罪率を高め、密入国を通じて伝染病を持込み、「敗戦と混乱から生じたわれわれの悲惨な状態を食い物」(椎熊三郎進歩党議員の四六年八月の衆議院での発言)にするとまでされた。占領軍の検閲官は、新聞紙上をにぎわしたこうした「ヒステリックなキャンペーン」を黙認したが、ミッチェルによれば、それは占領軍自身が「反朝鮮人的な感情」と「親日的な意見」をもっていたからであった(リチャード・H・ミッチェル『在日朝鮮人の歴史』)。

戦後改革の光と影——参政権の停止と外国人登録令

日本に踏みとどまった朝鮮人を日本の司法権に従わせるという、前述の四六年一二月の占領軍の決定は、日本社会の朝鮮人への反発が強まる中で打出されていた。それは旧植民地出身者を「法形式上講和までは日本国民」(すなわち日本の検察・司法権の及ぶ対象)とする日本政府の意向にも沿うものであった。ところが、一方で日本政府は、「戸籍法の適用をうけざる者」、つまり戦前に「内地戸籍」をもたなかった旧植民地出身者の参政権を停止する。それは戦後改革の一つの象徴として実現した衆議院選挙法の抜本改正(四五年一二月)に滑りこまされた措置だった。

選挙法のこの改正は、二一〇〇万人の女性も含めて有権者を一挙に三倍とする戦後改革の一つの金字塔ともいうべき改革であった。しかもそれは「占領当局に先んじて行なった日本政府の『自主的』改革であった」(天川晃「民主化過程と官僚の対応」『戦後日本　占領と戦後改革　第二巻』所収)ともいわれる。一二月に設置された民政局(占領軍)には改正選挙法の修正を求める意見もあったが、在日朝鮮人の選挙権や「戸籍条項」の問題が重大な論点として議論された形跡はない。在日朝鮮人の国籍や法的地位に関する問題は、占領当局にとっては些末で付随的なことでしかなかったのである。

一方の在日朝鮮人の側もこの頃は本国への帰還や帰還援護に忙殺され、参政権停止への目立った反対論は示されなかった。朝連や建青が求めていたのは、敗北した日本国民とは区別される〝解放国民〞、つまり外国人としての処遇であった。朝連が生活権擁護の最重要課題の一つとして取り組んだ財産税の問題にしても、敗戦国に対する懲罰的意味合いをもつこの財産税が朝鮮人にも適用されたことへの反発があった。連合国民をはじめとする外国人に与えられていた特別配給(日本人の主食配給が一日二・七合に対して四合が支給された)も朝連や建青・民団は、外国人としての立場から一貫してその適用を要求した。だが、四七年四月の総選挙を控える頃になると、そういう外国人としての論理と日本社会に生活基盤を置く住民としての論理との矛盾が表面化する。

朝連は、この選挙を控えて参政権獲得に乗り出すことを明らかにし、民団・建青は、この要求が共産党の指図によるもので、要求すべきは外国人(準連合国人)としての処遇であると非難した。朝連の主張は、外国人であっても居住社会での政治参加の権利は確保されるべきであるということ、そして日本の民主革命が「朝鮮の真の解放を側面的に促進」(『朝鮮人生活権擁護委員会ニュース』)するという戦略論に基づいていた。

一方、総選挙のあった翌月(四七年五月)には、「外国人登録令」(外登令)が新憲法施行の直前に最後の勅令として制定される。この外登令は、いわゆる「見なし規定」を通じて「日本国民」たる在日朝鮮人を、退去強制を含む外国人管理の下に置いた。それは、在日朝鮮人の「外国人」化の第二段とも言うべき措置であった。当初、占領軍は、個人の権利を制限する立法は国会の制定によるべきだとして勅令による登録令の制定には難色を示したが、最終的には、これに同意した。この頃、韓国では、大邱(慶尚北道)に発する一〇月人民抗争を経て米軍政と南朝鮮の左翼勢力の対立が新しい局面を迎え、占領軍の在日朝鮮人に対する見方もより厳しくなっていた。四七年の三月には、それまで比較的平穏であった済州島でも、警察の発砲に抗議する空前のゼネストが米軍政を悩ませていた。朝連は日本にあって、一方ではそうした南朝鮮の左翼勢力と結びつきながら大衆運動をくりひろげた。しかも、この朝連は、「二・一ゼネスト」や四月総選挙において産別会議（全日本産業別労働組合会議）や共産党への支援活動に積極的に取り組んだ。外登令はそういう在日朝鮮人を標的とする治安法規的な性格をもっていた。それは、治安維持法という在日朝鮮人取り締まりの手立てを失った内務官僚を中心に立案され、占領軍がこれを大筋で認めたものであった。

　選挙権の停止と外登令の制定は、日本の戦後改革の幅と深さを考えるうえできわめて象徴的だったといえる。この時期には、「二・一ゼネスト」中止命令があり、ドラスティックな改革を主導してきた占領政策の枠組も経済復興や自立を重視した「安定」の方向にその力点が移りつつあった。一方で、四六年に始まる天皇の「巡幸」は四七年にも精力的に続けられ、昭和天皇は全国の行く先々で国民の大歓迎をうける。〈人間〉となった天皇を国民統合のシンボルとして、平和と民主主義、あるいは貧困からの脱出といった戦後的価値理念を宿した、新しい「日本国民」が誕生しようとしていた。参政権の停止や外登令は、そういう新たな国民形成の過程において「国民」の意義を狭め、在日朝鮮人を民主主義とか人権といった戦後的価値の及ばない死角へと追いやった。

阪神教育闘争

選挙権を失い、「外国人」としての管理を受けながらも、在日朝鮮人は、まだこの時期では、法形式上は「日本国民」として日本の司法の統制下におかれていた。そして、「阪神教育闘争」として知られる事態の原因となった民族教育への弾圧に用いられたのもまさにこの論理であった。四八年一月、文部省は「朝鮮人子弟であっても、学齢に該当するものは、日本人同様、市町村立又は私立の小学校又は中学校に就学させなければならない」とした。四月の「非常事態」にまで発展する民族教育をめぐる攻防はこの一片の通達に始まった。

敗戦直後から、朝連などの在日朝鮮人団体は、民族教育を重視し、全国各地で民族学校を設立・運営していた。四七年一〇月の朝連四全大会での活動経過報告によれば、敗戦後二年余りのうちに、初等学校が五四一校(生徒数五万七九六一人、教員数一二五〇人)、中等学校が七校(生徒数二七六〇人、教員数九五人)、その他青年教育や幹部教育のための「高等学院」や「青年学院」が三〇校(生徒数二一一二人、教員数一六〇人)という、民族教育の体系が築かれていた。こうした各レベルの民族学校は、公立学校の教室や民間の倉庫を借りたり、朝鮮人所有の建物を改造したりするなどして、いわば在日朝鮮人の総力を結集して築かれたものであった。校舎や施設の建設にあたっては、民団系の在日朝鮮人や心ある日本人の協力に加え、場合によっては大阪府など自治体からの支援も得られた。

占領軍と文部省は、当初、こうした在日朝鮮人の民族教育に対して事実上これを容認する態度をとっていた。ところが、四七年一〇月、占領軍民間情報局は、「朝鮮人諸学校は、正規の教科の追加科目として朝鮮語を教えることを許されるとの例外を認められるほかは、日本のすべての指令に従わしめるよう日本政府に指令」した。四八年一月の文部省の通達は、この占領軍の指令にもとづき、直接的には前年八月の大阪府学務課からの照会に応える形で各都道府県知事宛に発せられたものであった。この通達は、朝鮮人学校の存在を事実上否定し、民族教育の核心となる朝鮮語教育についても学校教育法によって認可をうけた小中学校で「課外で行なうこと」以外は認めていない。そして、朝鮮学校を認めない根拠とされたのが、前年三月に制定された「教育基本法」や「学校教育法」であった。

占領軍を後ろ盾とした文部省のこの措置は、在日朝鮮人にとっては戦前の「皇民化教育」の再現として受けとめられ、猛烈な抗議運動がくりひろげられた。三月、地方軍政部と都道府県は朝鮮人学校の閉鎖措置に乗り出し、これに反対する朝鮮人と当局との衝突が各地で発生した。

反対運動が最も激烈に闘われたのが神戸と大阪であった。四月二四日、神戸では非常事態宣言が出され、二七日までに日本人の共産党員を含む一六六四人が検挙された。一方、大阪では二六日、大手前公園での学校閉鎖に抗議する三万人参加の集会とデモに対して警察が発砲し、当時一六歳の金太一が死亡、二七人が負傷した。

五月五日、朝鮮人教育対策委員会と文部省は、①朝鮮人教育については教育基本法、学校教育法に従う、②朝鮮人学校は私立学校として自主性が認められる範囲内で朝鮮人独自の教育を行なうことを前提に私立学校としての認可を申請する、という覚書をかわした。こうして、民族学校をめぐる対立と混乱はいちおう収束に向かった。文部省を後押しする占領軍の巨大な圧力に朝鮮人側が譲歩せざるを得なかったのである。戦後改革の重要な柱の一つとしての教育改革の成果を集約した「教育基本法」が、朝鮮人にとっては一転して、その民族教育を否定する法規として立ちはだかったのである。

主導したのは占領軍

朝鮮人の必死の抵抗にともすれば怯《ひる》みがちであった府や県の当局者を後押しし、強行鎮圧を主導したのは占領軍であった。神戸に敷かれた「非常事態」宣言は、占領軍が朝鮮人問題を治安問題と見なして「直接介入」に踏みきったことを物語っている。占領下における日本全国の米軍施設に対する地上防衛の責任は、アイケルバーガー

兵庫県庁内の階段を埋め(左)，座り込む(右)在日の人びと(1948年4月)

を司令官とする第八軍が負い、「神戸事件に対する最終的責任は原則的に第八軍司令官にあった」(荒敬『日本占領史研究序説』)とされる。そしてこのアイケルバーガーは、「朝鮮人と日本人の赤」の存在、占領軍の兵力不足、そして「アメリカの目がヨーロッパ情勢に転じていること」などの理由で、日本の治安状況に深刻な危機意識を抱いていた。とりわけ、五月一〇日の単独選挙*を控え、占領軍は在日朝鮮人の抗議行動が単独選挙に対する南朝鮮での反対運動と結びつくことを極度に恐れていた。おりしも、四月三日、大阪の在日朝鮮人にゆかりの深い済州島で単独選挙に反対する武装蜂起があり、一〇日の占領軍の文章(GHQ, FEC, Staff Study Operation, "STRETCHABLE, Edition 1," 10 April 1948, MacArthur Memorial)は、「在日朝鮮人のうち、特に大阪地区在住の異端分子は、南朝鮮での大規模な暴動と連帯して、在日占領軍を困難に陥れる目的のために示威運動を行い、暴動を起こし、他の民衆運動を支援するかもしれない」としていた。さらに占領軍（外交局）が九月三日付で国務省に送った文書には次のような一節が含まれている。

……朝連は、ほとんど共産主義者に牛耳られている。……日本人とほとんど同化することなく、日本人との危険な摩擦を引き起こす源である多くの在日朝鮮人は、極東における重大な不安定要因であり、かつ、日本における主要占領国としての米国に対する好ましからぬプロパガンダの原因となっている（前掲文書、第五八〇号）。

＊　前述の信託統治を巡る米ソの交渉が不調に終わった後、米国は朝鮮半島の戦後処理を国連に持ちこみ、国連の監視下による制憲議会選挙が決定されるが、ソ連・北朝鮮がこれを拒否し、南朝鮮単独による選挙が実施されようとしていた。

こうして、在日朝鮮人の民族運動は東アジアの国際冷戦のただ中におかれ、占領軍と日本政府の一体となった攻撃にさらされる。四九年九月、ついに朝連は、「団体等規正令」第二条第一号の「占領軍に対して反抗し、もしくは反対し、または日本政府が連合国最高司令官の要求に基づいて発した命令に対して反抗し、もしくは反対した」団体として解散させられ、金天海をはじめ朝連幹部一九名が公職追放の処分をうける。

朝連本部をとりまく武装警官隊
（1949年9月）

在日朝鮮人の生活

朝連の解散は在日朝鮮人の生活や権益擁護の取り組みに深刻なダメージをもたらした。日本の戦後復興は、闇商売などインフォーマルな隙間産業が淘汰される過程であり、いわゆるカストリ（闇市に氾濫した粗悪な密造酒）などの密造に対する警察や税務当局の摘発も強化されていた。朝連は、こうして摘発された生活困窮家族の緊急救済とともに、同胞生活の合理化・合法化のために、行政の発注工事の請負や生協活動の推進に努めた。朝連の解散によって在日朝鮮人はそうした後ろ盾を失った。そればかりかこの頃にはドッジ＝ライン（四九年三月）による超緊縮財政が、敗戦後の混乱やインフレにむしろ生きる活路を見出していた在日朝鮮人の生活を直撃していた。

表3は、この頃の在日朝鮮人の生活が植民地期以上に悪化していることを物語っている。④

表3　戦前と戦後の職業分布比較(単位%)

職業別	1940年(A)	1952年(B)	B−A
①鉱，工，土建業	66.5	18.9	−47.6
②農，水，運，自由業	15.1	10.2	−4.9
③商業	14.9	18.5	3.6
④日雇，その他の職業，家事使用人，失業者	3.5	52.4	48.9
計	100	100	0

(資料)朴在一『在日朝鮮人に関する綜合調査研究』

には日雇いから失業者まで雑多な範疇が含まれているが、これらはみな事実上、失業者であるとされる。さらに「商業」など有業者として分類されているもののなかにも「失業者同然」のものが多いことから、「在日朝鮮人の職業人口の六割近く」が失業者であると推定された。ちなみに、四七年に朝連が独自に実施した調査では、「稼働人口」の三〇万三五一二人に対して「失業人口」は二〇万四九八六人(六七・五%)となっている。東京の代表的な朝鮮人コミュニティとして知られる枝川町では、五〇年当時、一四歳から五九歳までの「生産年齢層」(五三八人)のうち、まともに仕事に就いているもの(完全就業者)がわずか四七人という惨憺たる状況であった(在日朝鮮科学技術協会「在日朝鮮人の社会実態」朴慶植編『在日朝鮮人関係資料集成　戦後編』所収)。日本中にあった他のたくさんの朝鮮人コミュニティの状況もこれと似通っていたであろう。敗戦直後には、大阪、神奈川、東京、兵庫、京都、福岡などを中心に、バラック立ての貧しい朝鮮人の家屋が軒を連ねる朝鮮人コミュニティ(朝鮮人部落)が日本全国に散在していた。

福岡・博多の水上バラック(1957年)

ひどくなった就職差別

失業者の多さと並んで、目立っているのは、①の鉱工業部門の従事者が戦前に比べて激減していることである。在日朝鮮人は、植民地期には日雇いや行商などのほかにも、低賃金ではあっても繊維(紡績・織物)、金属機械、化学(ゴム・硝子)などの工場労働者(「職工」)として働くことができた。就職差別はむしろ戦後になってひどくなっていた。そもそも、戦争によって日本の鉱工業生産は日中戦争以前の一〇分の一にまで落ちこみ、巷には三〇〇万人と言われた復員や引き揚げ者からなる労働予備軍であふれかえっていた。さらに賃金差別は違法とされたため、日本人と同じ賃金で在日朝鮮人を雇い入れようとする雇用主は同胞の経営者以外にはほとんどいなかった。闇商売などで得た利益を元手に中小零細の工場や遊技業・飲食店を営むようになっていた同胞経営者は四七年で三万人いたといわれる。しかし、その多くもドッジ不況によって五一年までに倒産し、繊維工業は五〇%、金属工業は四八%が倒産したとされる(申徹浩『平和』五二年一〇月号)。

3　朝鮮戦争下の在日朝鮮人

「民族派」の胎動

東アジアで中国革命を震源とする反帝民族革命の高揚期を迎えた一九五〇年、日本国内では、朝連の強制解散につづいて、レッドパージが小中高等学校の教員を手始めに吹き荒れようとしていた。朝鮮人の後ろ盾が期待された日本共産党も、朝連解散に有効な対処をなしえなかったばかりか、その指導力にも翳りが見え始めていた。とはいえ、朝連なきいま、その傘下にあった朝鮮人の活動は、この日本共産党の指導の下で継続されざるをえなかった。こうして朝鮮人党員を指導する民族対策部(民対)が四九年一一月に共産党中央内に設置され、在日本朝鮮民主女性同盟、解放救援会など解散を免れた旧朝連傘下の団体を基盤に組織再建が模索される。

コミンフォルム批判(コミンフォルム機関紙でのオブザーバー署名の論評「日本の情勢について」五〇年一月)が日本に伝えられたのは、まさにそういう時期であった。この「論評」は、野坂参三を名指しで批判し、その「平和革命論」を散々にこき下ろしながら、米占領軍との対決を呼びかけるもので、中国もこれに同調した。コミンフォルム批判の衝撃をうけた共産党は、徳田・野坂ら主流派（所感派）と宮本顕治らの非主流派（国際派）に分裂するが、党内の混乱は、主流派が中ソ両共産党の路線を受け入れていったん収束する。だが、占領軍への対決姿勢をつよめる共産党に対して、マッカーサーは、五月、これを激しく非難し、六月には共産党幹部二四人の公職追放にふみきる。徳田・野坂の主流派は、表向きの党の指導を、椎名悦朗を議長とする「臨時中央指導部」にゆだね、自らは地下に潜行せざるをえなくなる。

主流派は国際派を分派主義として厳しく非難し、国際派（非主流派）の烙印を押されて排除されたり、自己批判を迫られたりした朝鮮人党員も少なくなかった。中野重治、蔵原惟人など非主流派の勢力のつよい「新日本文学会」に所属していた金達寿もそうした「党内抗争に巻き込まれ」、「民団」、「スパイ」など「あらぬデマ、中傷」に悩まされなくてはならなかった（前掲『わが文学と生活』）。

一方でこの時期は、旧朝連系の朝鮮人党員の間に、金日成《キムイルソン》など北朝鮮労働党との結びつきを重視するグループが台頭しつつあった。朝連は、四八年一二月に韓徳銖など一〇人ほどからなる共和国創建在日朝鮮人慶祝団を北朝鮮に密かに派遣して以来、北朝鮮との関係を深めていた。韓徳銖など一部の幹部たちは、朝鮮戦争の渦中でもたびたび漁船などで密航して北朝鮮の要人たちと接触した。この幹部たちはやがて「民族派」として、主流の「民対派」と対抗しながら在日朝鮮人運動の路線転換をみちびく立役者となる。

在日義勇軍と祖国防衛隊

五〇年六月二五日、北朝鮮人民軍が三八度線を越えて南に進撃しはじめ、占領下にあった日本社会も臨戦態勢ともいうべき緊張におおわれた。戦争は、警察予備隊の創設など日本の再軍備を促し、日本国内は朝鮮戦争の兵站基地と化した。在日米軍の立川、横田、厚木、伊丹、板付などの各飛行場から爆撃機や戦闘機が出撃し、再稼動した軍需工場から武器・弾薬が朝鮮半島の最前線に送られた。

戦争によって在日朝鮮人社会には異様な興奮と熱気が渦巻いた。広島で反戦ビラを撒いて懲役七年の実刑をうけた朴実根《パクシルグン》は、「命を賭けて国を守る気持ちになって」いたと言い、当時、明治大学の学生で在日学徒義勇軍として参戦した趙英振は、「自分の家に火が付いているのに、それをだまって見て」いられなかったとふり返っている（前掲『在日一世の記憶』）。法政大学や明治大学では左右の在日学生による乱闘事件があり、法政では一人の学生が死亡した。

韓学同は、開戦直後の二七日、緊急集会を開き「学業を一時中断しても祖国に帰り、韓国国軍とともに戦おう」との決議を発した。韓国軍がじりじりと南に押されつつあった七月一五日には、民団中央は志願兵募集に乗り出すが、在日同胞に対して不信の念を抱いていた李承晩がこれを受け入れなかった。だが、九月の仁川上陸作戦を控え兵力不足に悩む米軍の要請で、けっきょく六四二人の在日青年が「在日義勇軍」（在日韓僑自願軍）として、仁川上陸作戦や平壌奪還作戦など実戦に投入された。このうち五九人が戦死し、行方不明者が九七人に及んだ。日韓両政府の間で再入国に関する協定がなかったため未帰還者が二二二人に達し、日本に帰還できた者は二六六人だった（金賛汀『在日義勇兵帰還せず』）。

一方、民対も開戦の報にすばやく反応し、六月二八日、中央会議を開いて各地に祖国防衛委員会（祖防委）を組織することを決めた。そしてこの祖防委のもとには祖国防衛隊（祖防隊）が置かれ、日本での武器生産と輸送の阻止、軍需工場の労働者に対するストの呼びかけなどが試みられた。民団が、学生・青年の志願兵を直接戦地に送って〝祖国〟を守ろうとしたのに対して、祖防委は、戦争の後方基地となった日本で、兵器・弾薬の生産や輸送を阻止して〝祖国〟を守ろうとした。コミンフォルム批判以来、中国革命型の武装闘争路線が日本でも浸透し、五一年二月の日本共産党第四回全国協議会（四全協）では「軍事方針」が正式に決定され、以後、在日朝鮮人もこの「軍事方針」の先頭にたって実力闘争につきすすんでいく。

民戦結成と吹田・大須事件

この四全協に先立つ一月九日、朝鮮戦争の勃発によって先送りされた民戦（在日朝鮮統一民主戦線）が結成された。民戦は、「祖国の完全独立」と「一切の外国

前夜祭のデモ隊暴れる
人民電車を動かす
吹田で警官隊と乱闘
列車に乗り逃走
追い迫る警官へ火炎ビン
ソウジョウ罪を適用
徹底捜査を開始
六十三名検挙
クラーク代将が
燈火管制の協力要請
米軍施設付近の住民へ

吹田事件の報道(『朝日新聞』1952年6月25日)

軍隊の即時撤退」をはじめ、日韓会談反対、在日朝鮮人の権益擁護や民族教育などを掲げた。民戦は、旧朝連傘下の大衆団体以外に民団・建青の一部も合流する統一戦線として組織され、議長団(五名)には民団副団長を務めたことのある李康勲も加わっていた(五四年一月に除名)。

一方、民戦を指導する民対は在日朝鮮人を「日本の少数民族」であると規定し、日本共産党の指導や反吉田、反再軍備など日本の変革にかかわる闘争課題の推進を合理化した。

日本共産党の軍事路線は、第五回全国協議会(五全協、五一年一〇月)を経てさらにエスカレートし、講和条約が発効して日本が独立を回復した五二年四月以降、祖防隊の実力闘争はピークに達した。日本政府(吉田内閣)も「独立後の治安対策」として「団体等規正令」を引きついだ破壊活動防止法案を四月、国会に上程して(七月公布)、共産党と朝鮮人の抗議行動を封じようとした。二人が死亡し、二〇〇〇人余りが負傷した皇居前の「血のメーデー」事件(五月)、大阪の各地で製造された武器・弾薬を載せた貨物車が集中する吹田《すいた》操車場でデモ隊と警察が衝突した吹田事件(六月)、兵器工場としては東洋一と言われた旧大阪砲兵工廠の分工場に時限爆弾がしかけられた枚方《ひらかた》事件(六月)、朝鮮人高校生一人が警察の発砲で死亡した名古屋での大須事件(六月)など、朝鮮人を主力にして火炎ビンや硫酸ビンの飛び交う衝突があいついだ。メーデー事件、そして吹田・大須の両事件には騒乱罪(当時の名称は騒擾罪)が適用され、吹田では一〇〇人近く、大須では一五〇人の朝鮮人が逮捕された。吹田事件に加わって騒擾罪で起訴された夫徳秀《プトクス》は、「吹田操車場にデモをかけ、武器が朝鮮半島に送られるのを一分でも一〇分でも遅らせれば、それだけ同胞の命が助かると心の底から思っていた」と回想している(前掲『在日一世の記憶』)。

一方で戦争にともなう鉄・銅などの資源需要は、在日朝鮮人に意外な収入源をもたらした。新潟で反戦運動に加わっていた洪呂杓《ホンリョピョ》は、同胞たちは「火炎瓶や唐辛子爆弾をつくったりデモを行なったり」するかたわら、生計のために「鉄くずを拾った」という。「若い連中が夜中に直江津ステンレスか大日本ソーダとかのゴミ捨て場に行って、銅線であれ廃品であれ、ドーっと拾い集めてね……それを生活の費用や運動の資金に役立てたんです。『戦争反対』といいながら、銃弾の原料になるそんな物を売っていたんですから、矛盾したやり方ですよね」と、洪はふり返っている(前掲『在日一世の記憶』)。旧大阪砲兵工廠の跡地でスクラップを運び出し、取り締まりの警察官と攻防を繰り広げた在日朝鮮人や日本人は「アパッチ族」と呼ばれ、開高健の『日本三文オペラ』や梁石日の『夜を賭けて』(二〇〇二年に映画化)などで描かれた。

朝鮮戦争中の過激な反戦運動は、共産党と在日朝鮮人を日本社会のなかで絶望的なまでに孤立させた。共産党は五二年一〇月に実施された総選挙では四九年選挙で獲得していた三五の議席をすべて失い、翌年四月の総選挙でも辛うじて一議席を獲得したにすぎなかった。孤立感や徒労感が漂うなかで共産党や民戦内部でそれまでの闘争方式を「一揆主義」や「冒険主義」と批判する声が高まっていった。三月のスターリンの死、七月の朝鮮戦争停戦、さらに一〇月の徳田球一の北京での客死などもあって、合法的な大衆路線への共産党の政策転換が、在日朝鮮人運動の「路線転換」を伴いながらすすむことになる。

日本国籍の喪失

一方、この間、在日朝鮮人の法的地位にかかわるきわめて重要な決定が日本政府によって下されていた。五二年四月の講和条約の発効にさいして、日本政府は、法務府民事局の「通達」という形で旧植民地出身者が日本国籍を失うことを明らかにした。日本政府は四九年一二月の衆議院外務委員会の答弁では、在日朝鮮人の国籍問題について「大体において本人の希望次第」となろうとの見通しを語っていた。この頃、日本政府は、講和条約の締結にあたっては、国籍問題は避けて通ることのできない重要問題の一つとなろう、と予測していた。だが、その際、日本政府の最大の関心事は、植民地や戦地の在留日本人、とりわけ在朝日本人の引き揚げ問題であり、日本政府は、在日朝鮮人を厄介視しつつも、アメリカに在朝日本人への善処を求めて、徹底した排除の論理を貫けないでいた。ところが、日本政府の姿勢は、朝鮮戦争の勃発以後、転換する。在朝日本人の引き揚げがほぼ完了したうえ、アメリカ側の平和条約構想の中に国籍規定がないことを知って、在日朝鮮人の日本国籍を一律に奪う方向に転じたのである。

在日朝鮮人の国籍問題は講和条約の発効を控えて開かれた日韓予備会談でも議論されたが、韓国側は、国籍の選択権よりも在日朝鮮人を一律に韓国国民として認定することを日本政府に迫った。当時の在日朝鮮人の登録者五六万人余りのうち韓国籍保持者は一七%にすぎず、韓国政府にとっては在日朝鮮人の韓国籍への囲いこみこそが重要であった。

一片の通達によって外国人となった在日朝鮮人は、法律第一二六号によって当面の在留は許されたものの、国外への退去強制規定を盛り込んだ出入国管理令(五一年一〇月公布)の対象となり、外国人登録証の常時携帯や指紋押捺（五五年の外国人登録法改定によって導入）を義務づけられることになる。一方で、日本政府は、「帰化」をめぐる裁量権を名目にして好ましい者、つまり日本に完全に同化した者のみを日本国民とする政策をその後も押し通した。

戦後補償からの除外

こうして日本国籍を失った朝鮮人の中には、大戦中に日本軍の軍属として捕虜監視員などに動員され、戦後BC級戦犯とされたものもいた。その数は、一四八人にのぼり、そのうち二三人が死刑を宣告され、チャンギー刑務所（シンガポール）などで絞首刑にされている。死刑を免れた者も、講和条約発効後、巣鴨プリズンに引き続き服役した（五八年までに全員釈放）。日本政府は、講和後、戦傷病者や戦没者遺族を手厚く援護するためのさまざまな立法措置をとったが、「日本軍」として戦い傷ついた朝鮮人については、日本国籍喪失を理由にその適用から除外するか、もしくは帰化を迫った。さらに、日本は、ソ連領となったサハリンからの日本人の引き揚げ措置をとりながら、戦時動員などによって同地にいた四万人余りの朝鮮人を放置し、日ソの国交回復（五六年）以後、日本人と婚姻関係のある朝鮮人（二千人ほど）のみの受け入れを実施した。

「戦後の終わり」と力道山

一九五四年二月一九日、新橋駅西口広場に設置された街頭テレビに日本初のプロレス国際試合が映し出された。試合は、世界タッグチャンピオンのシャ

大阪「食道園」での力道山(1960年頃)　大阪で興業があると必ず立ち寄ったという．左から2番目が「平壌冷麺・食道園」創業者の江崎光雄(林光植)氏，4番目が江崎光子夫人．

ープ兄弟対力道山・木村政彦とのタッグマッチ。街頭テレビの前には二万人の人々が空手チョップを駆使する力道山の勇姿に釘づけとなった。二四年、朝鮮半島北部の咸鏡南道に生まれた力道山は、一七歳で渡日し、四一年、「朝鮮出身、力道山光浩、本名・金信洛」として相撲界にデビューした。戦後、五〇年には日本国籍を取得してプロレスラーに転身し、米国での修行の後、五三年からは、米国人レスラーを次々と破って一躍、「日本人」のヒーローとなった。

朝鮮戦争特需の追い風にのって日本経済は急速に復興し、力道山の活躍に日本中が沸き返った頃には、一人当たりGNPは戦前(一九三四～三六年)の水準を回復した。

ＩＭＦやＧＡＴＴ加盟など国際社会への復帰もなり、保守合同も達成され、五五年の日本経済を回顧した『経済白書』には「もはや戦後ではない」という有名な一節が記された。米国人レスラーを空手チョップで打ち伏せる力道山の勇姿は、そういう時代の節目にあって、敗者のコンプレックスを乗り越えて新しい時代へと向かう「日本国民」の姿を象徴していた。

「大衆社会」の入り口にあって、飲食や娯楽にかかわる新興の産業が勃興し、その多くは朝鮮人にも開かれていた。とくに、パチンコは、誰でも気軽に楽しめる娯楽として五三年には一大ブームとなり、パチンコ店はもとより、パチンコ台製造、景品買いに参入する朝鮮人が増えた。タバコなどを売買した当時の景品買いは、「専売法」違反での取り締まりによる逮捕者が絶えず、それは一か八かの危うい稼ぎ口でもあった。景品買いの縄張りや利権をめぐって民戦系と民団系の同胞同士が対立し、暴力沙汰も頻発した。パチンコ店は五三年の四万三千件余りをピークに、五四年の二万九千件余り、五五年一万二千件余りと急減し、朝鮮人の大半は過当競争や大型店化で廃業に追い込まれた（韓載香『「在日企業」の産業経済史』）。

4　在日朝鮮人運動の転換と帰国運動

総連の結成

戦後日本社会の「一民族一国家」への志向は、朝鮮人の側にも強烈に存在した。本国への帰属を重視する傾向は、民団はもとより、共産党のつよい影響下にあった朝連内部でも根強かった。すでに述べたように、朝鮮民主主義人民共和国の建国以降は、朝連の一部と北朝鮮指導部との結びつきもつよまり、北朝鮮に脱出した金天海も、祖国戦線(祖国統一民主主義戦線、四九年六月に北朝鮮で結成)の議長団に加わって在日の朝鮮人党員に影響を及ぼした。民戦が結成される頃になると、民族派が勢力を増し、民対派(主流派)との確執もことあるごとに噴き出した。民族派は、民戦の外郭団体として設立された「朝鮮問題研究所」や「学友書房」、さらには『解放新聞』などを足場にその影響力を拡大していった。日本共産党から離れて、北朝鮮当局の指揮系列で活動する党員も増え始めていた。韓徳銖は、すでに民戦の結成の頃には民対を離れていた。四八年四月に共産党に入党していた金石範は、五一年二月に党籍を離脱し、「北系」の組織の指令を受けて資金調達工作のために仙台に向かっている(金石範・金時鐘『なぜ書きつづけてきたか　なぜ沈黙してきたか』)。

朝鮮戦争が停戦(五三年七月)する頃には、東アジア革命の機運も退潮し、一転して、主権尊重や内政不干渉を原則とする平和共存が時代の潮流となる。中ソ両国の政策転換が明らかとなったジュネーブ会議(五四年四月)を経て、六月には中国・インド間に平和共存の時代を象徴する平和五原則の共同声明があった。こうしたなかで八月三〇日、在日朝鮮人を「共和国公民」とする北朝鮮南日《ナムイル》外相の声明(「日本に居住する朝鮮人にたいする日本政府の不法な迫害に抗議して」)が発せられた。声明は在日朝鮮人が朝鮮民主主義人民共和国という主権国家の一員であるとの論理から、共和国政府として在日朝鮮人の自由と権利の擁護を日本政府に求めるものであった。と同時にそれは、間接的に、「少数民族」との規定を前提に日本共産党という外国政党のもとで日本の民主革命をめざした民戦の路線を否定する意味合いを含んでいた。この南日声明にづいて、一一月、訪日した中国紅十字会の廖承志らが「外国の政治紛争には絶対にかかわらない」と発言し、日本共産党も五五年一月一日付の『アカハタ』を通じて「在日朝鮮人に日本革命の片棒をかつがせようと意識的に引き廻すのは、明らかに誤りである」と方針転換を明らかにせざるを得なかった。

こうした風向きの変化をうけて、三月の民戦第一九回中央委員会では、韓徳銖が「在日朝鮮人運動の転換について」と題して演説し、「共和国公民の立場」に立った「在日朝鮮人運動の方向と闘争方法」を打ち出した。委員会では、民対派の指導を「根本的な指導の誤謬」とする韓徳銖らの主張に対して、民対派は、在日朝鮮人運動の転換自体は認めながらもそれが「情勢の発展に呼応する戦術的転換」にすぎないと反発した。両派の対立が激しさを増すなか、四月、北朝鮮当局、そして日本共産党も民族派に軍配を上げ、朴恩哲など民対派は自己批判を迫られた。さらに二四日、臨時大会での民戦の発展的解消の決議を経て、二五〜二六日の両日にかけての総連結成大会へと至る。

総連、すなわち在日本朝鮮人総連合会は、在日同胞の共和国の周囲への結集、祖国の平和統一、在日同胞の民主的民族的権利の擁護、民族教育の実施、日朝親善と世界平和への貢献などをその組織綱領として掲げた。六月下旬には共産党民対の最後の全国会議がひらかれ、「在日朝鮮人運動の転換について——民対全国会議の報告草案」が採択され、朝鮮人党員に共産党からの離脱が勧告された。およそ三〇〇〇人の朝鮮人党員が党籍を離脱し、在日朝鮮人運動は、四半世紀にわたってその旗の下で闘った日本共産党と決別することとなった。こうして在日朝鮮人は、日本共産党の権威にかわって、〝社会主義祖国〟の唯一にして絶対的な権威のもとにおかれ、日本社会の構成員や住民としてよりも、海を隔てた「主権国家」の一員として、日本人とは平和共存や文化交流・親善、あるいは「人民連帯」などが唱えられることになる。

朝鮮戦争以後の北朝鮮外交の変化は、五五年二月の南日外相の声明(対日関係に関する朝鮮民主主義人民共和国の声明)によってよりはっきりと示された。前年八月の南日声明は、在日同胞を「迫害する」日本政府への非難の語気に充ちていた。だが、この五五年二月声明は、一転して、日本との貿易・文化の交流、ひいては国交正常化を呼びかけるものであった。この頃には、日本でも前年一二月「自主平和外交」を掲げる鳩山政権が成立して、日ソ関係の改善など、冷戦構造からの脱却が模索されていた。そういうなかで日朝関係もにわかに動き始める。日本国会議員訪朝団(一〇月一八日〜二〇日)が、左右両派の統一を達成(一〇月一三日)した社会党主導で実現し、社会・共産の両政党や日朝協会などを介して日朝間の連携と交流が拡大した。総連は、こういう北朝鮮の対日「人民外交」を担う「在外公館」、もしくは「駐日代表部」としての役割をも担っていた。総連を介して、北朝鮮と日本の革新勢力との友好・連帯運動が高揚期を迎え、やがてそれは、在日朝鮮人の北朝鮮への帰国運動という巨大なうねりをつくり出していく。

北朝鮮の統一攻勢と民団

北朝鮮の平和攻勢は南北統一問題についても新しい局面をもたらした。五四年一〇月、北朝鮮は、平和統一のための南北の政党・社会団体・各界代表の連席会議の招集を呼びかけるアピールを採択した。このアピールは、一六六人の在日朝鮮人有力者にも直接伝えられ、在日朝鮮人社会に大きな波紋を呼んだ。一一月、権逸、朴春琴《パクチュングム》、元心昌《ウォンシムチャン》、白武《ペクム》ら民団の団長・副団長経験者を含む主要幹部が「南北統一準備会」を結成し、北朝鮮のアピールによって醸し出された平和統一への流れに呼応した。翌月にはこれに中立系の金三奎《キムサンギュ》、李北満《イプンマン》などが合流して「南北統一運動準備委員会」となり、さらにこれが民戦系の有志も名をつらねる超党派の南北統一促進協議会(統協)の結成(五五年一月)につながっていく。だが、この統協に対しては、民団残留派が北朝鮮の「政治的謀略」だと非難し、路線転換をへた総連も「第三勢力」だと決めつけて幹部をすべて引き上げてしまう。このため結成一年余りで統協の活動は行きづまり、事実上、短命のうちに解体せざるを得なかった。

民団と権逸

統協をめぐって揺れ動いた民団であったが、この頃は韓国政府から旅券業務の末端事務が委嘱されて団員数は拡大し、五五年当時、民団組織の基盤となる韓国籍の在日朝鮮人は全体の二五%を占めるまでに至った。しかしこの頃の民団は、事実上、本国訪問のための斡旋機関、もしくは韓国の「政界進出の足場」ほどの存在としてみなされ、五〇年代半ばには指導部の離反や分裂に揺れ動いた。そういう民団を語る上で欠かすことのできない人物の一人が権逸である。すでに述べたように、親日派の経歴によって朝連から排除された権逸は、民団の結成に加わり、韓国駐日代表部のてこ入れで断行された五一年の組織再編では副団長となっていた。だが、統協を推進したことで民団から除名処分となり、五六年一月には、この統協にも見きりをつけて「共産主義と独裁主義に対決する」第三勢力を標榜するウリ民主社会主義者同盟(民社同)を結成した。さらにこの方向も困難となると反共・反総連の立場を鮮明にし、五七年二月には民団と和解している(『権逸回顧録』)。後に述べるように、軍事政権成立以降の権逸は、民団の団長として朴正煕政権を支持し、七一年には与党民主共和党の国会議員となった。

一方、元心昌など統協に参加したメンバーの一部は、韓国から日本に亡命して来た李栄根《イヨングン》らと合流して五九年一月『朝鮮新聞』(同年一一月に『統一朝鮮新聞』と改称)を創刊し、南北両政権を批判して「平和統一論」を主張した。その主張は、民団内で李承晩《イスンマン》政権に対する批判をつよめつつあった学生青年組織に少なからず影響を及ぼした。

民族派と民対派

誕生間もない総連も内部に不和を抱えていた。北朝鮮当局と共産党からお墨付きを得たとはいえ、総連内の民族派の基盤は盤石とはいえなかった。議長団は、ほぼ民族派が占めたが、六人による集団指導体制であり、中央常任委員会の構成は両派がほぼ均衡していた。富山県の民族対策部責任者として路線転換を迎え、総連結成後は岡山県本部の委員長などをつとめた朴容徹《パクヨンチョル》は、「一九五五年には富山にも総連が結成されましたが、さ

したる混乱もなく民戦の時期の幹部がそのまま総連の幹部に」なったと証言している。当時、大阪の民族学校（大阪市立西今里中学校）で教鞭をとっていた朴鐘鳴は、「大阪の活動家全体で民戦時代の路線が正しいという者が三分の二」もいたとの印象を述べている（前掲『在日一世の記憶』）。民族派は、自分たちを先覚者（前足 앞다리）といい、民対派を後覚者（後ろ足 뒷다리）として見下したが、依然として強い勢力基盤を維持した後覚者が先覚者からなる執行部を揺さぶりつづけた。

民対派は、総連を北朝鮮支持者だけではなく韓国の支持者も加入できるような、文字通りの大衆団体とすべきだとした。そして、民戦のなかの民対がそうであったように、この大衆団体の中枢にこれを指導する「前衛組織」を再建することに固執した。いまだ唯一にして絶対的な権威は確定せず、組織内の分派同士が議論や折衝を繰り返すような、ある意味で牧歌的な時代でもあった。

「唯一指導体制」

だが、この五七年は北朝鮮の指導体制に重大な変化があり、それが総連内の確執の帰趨を決することになった。「八月宗派事件*」（五六年）を乗りきった金日成《キムイルソン》は、ほぼ五七年の一年を通じて、中国派、ソ連派、国内派などの党内の非主流派をことごとく排除し、自派（パルチザン派）の単独支配を確立した。と同時に、北朝鮮で確立した金日成の排他的指導が、韓徳銖を唯一のパイプとして総連組織に伝えられる体制も整えられる。五八年五月の総連第四回全体会議では、韓徳銖の単独議長体制に移行するとともに、活動家が三人以上いる各級機関、職場、地域ごとに非公然の中核的指導組織である「学習組」が組織された。皮肉にも、民対派の「前衛組織」づくりの主張を取り入れる形でつくられた「学習組」が、金日成の革命思想の総連内への浸透と民対派の追い落としのための梃子《てこ》となったのである。

＊　金日成の追い落しを目論んだ労働党内の非主流派が逆に排除された事件。

帰国運動の劇的な高揚のなかで迎えた総連第五回全体大会（五九年六月）では、「宗派主義」（民対派）に対する「思想闘争」の勝利が韓徳銖によって高らかに宣言された。そしてこの「思想闘争」で韓徳銖の片腕としての役割を演じたのが韓徳銖の姪の夫の金炳植《キムピョンシク》であった。朝鮮総連結成以後に頭角を現わし、五八年に朝鮮問題研究所所長となっていた金炳植は、この大会で中央常任委員（人事部長、序列六位）に抜擢され、六〇年代を通じて非主流派の排除と、金日成↓韓徳銖の排他的な指導体制の樹立・絶対化に辣腕をふるった。

韓徳銖の単独支配が確立する時期、北朝鮮政府による教育援助費の送金や帰国運動の高揚ともあいまって、総連は全盛期を迎える。ほぼ都道府県のすべてに地方本部がおかれ、朝青（在日本朝鮮青年同盟)や女盟(在日本朝鮮民主女性同盟)など一四の傘下団体、朝鮮新報社や朝鮮問題研究所など二四の事業体、さらに幼稚園から朝鮮大学校に至る一五〇近くの民族学校など、今日に至る総連の組織体系がほぼ確立する。五二～五三年に設立されていた東京、大阪、京都、神戸、茨城などの朝銀(信用組合)を網羅した朝信協(在日本朝鮮信用組合協会)も五九年には実質的に総連の傘下に入った。公安調査庁の資料によると、この六〇年代初頭の総連の傘下同胞は二〇万人ほどで六、七万人の民団の勢力を圧倒していた(公安調査庁『朝鮮総連を中心とした在日朝鮮人に関する統計便覧　昭和五六年版』)。

容赦なき批判

こうして組織の勢力拡大が実現した反面、朝連や民戦、もしくは総連の初期にみられたような、組織内の多様な個人やグループのぶつかり合いから生まれる活力は失われていった。組織内での作家の自己表現も厳しく制約された。五八年九月、金達寿は岩波新書『朝鮮　民族・歴史・文化』を上梓したが、これに対して朝鮮問題研究所をはじめとして総連の各メディアによる容赦ない批判が浴びせられた。

一方、民戦時代の文化活動を代表する『ヂンダレ』の編集・発行に携わった金時鐘は、「思想悪のサンプル」として組織の思想的引き締めや純化のための、いわばスケープゴートとなった。『ヂンダレ』は、五三年二月、大阪朝鮮詩人集団の機関誌として創刊され、金時鐘のほかに鄭仁《チョンイン》、権敬澤《クォンゲテク》、梁石日などが日本語による創作を発表した。だが、これに対して総連は「民族虚無主義」などの批判を浴びせた。朝鮮語による「愛国詩」の創作を求める総連に対して金時鐘は、「詩を書くことと愛国詩を書くこと」は無関係であり、「「在日」という特殊性は、祖国とはおのずから違った創作上の方法論」が必要だと反論した（「盲と蛇の押し問答――意識の定型化と詩を中心に」）。「批判は五八年から六五年まで延々と続き、丸一〇年表現活動ができなかった」（前掲『なぜ書きつづけてきたか　なぜ沈黙してきたか』）と、金時鐘はふりかえっている。巨大化した組織と、「在日を生きる」表現者の自己意識との齟齬が明らかとなりつつあった。

帰国運動の高まり

五八年八月一一日に総連川崎支部（神奈川県）の一分会（中留分会）で「祖国を知る集い」と銘打つ集会が開かれた。集会では日本での生活に見切りをつけて祖国に集団帰国することが決議され、その心情を綴った手紙が金日成に送られた。この集会は、その後、翌年にかけて全国的に高揚した帰国運動の出発点となった。神奈川は韓徳銖の地元であり、集会には総連中央幹部の李《リ》珍珪《チンギュ》教育文化部長が直々に指導にあたっていた。翌日開催された「八・一五記念集会」では「集団的帰国問題に関する要請書」が採択され、日本政府に伝えられ、帰国運動が本格的にスタートする。

九月八日、こうした在日朝鮮人の訴えに応える形で、金日成は、共和国創建一〇周年記念大会の席上、「わが国の人民は、日本で生活の道を失い、祖国の懐に帰ろうとする彼らの念願を熱烈に歓迎」し、「共和国政府は、在日同胞が祖国に帰って、新しい生活ができるようにすべての条件を保障するでありましょう」と述べた。さらに、三一日に開催された祖国戦線中央委員会拡大会議では「在日同胞におくる手紙」が採択された。「手紙」には、社会主義祖国の急速な発展ぶりが、「電力二〇〇億キロワット時、セメント五〇〇万トン、化学肥料一五〇―二〇〇万トン……」などと、この間の社会主義建設の達成が産業分野ごとの具体的な生産高まで列挙しつつ在日朝鮮人に向けて誇示され(外国文出版社編集・発行『祖国は待っている! 在日同胞の帰国問題にかんする文献』)、それは、共和国を「地上の楽園」とする言説やイメージを在日朝鮮人社会に広く行き渡らせた。こうした呼びかけに応じる形で、総連は、二次(一〇月三〇日、五九年一月三〇日)にわたる全国同時陳情行動や帰国実現の署名運動などを展開し、総連の組織運動は帰国運動一色に染まった。

警職法反対闘争から安保闘争へといたる、社会運動の戦後最大の高揚期を迎えようとしていた日本の革新勢力も帰国運動を支援した。一一月一七日には、顧問に鳩山一郎、浅沼稲次郎、宮本顕治を迎えて超党派の「在日朝鮮人帰国協力会」が発足し、五九年二月はじめまでには、帰国促進決議が四七の全都道府県と二九〇の市区町村で採択された。帰国希望者も急増し、第二次同時陳情行動の翌日(三一日)、総連は、一一万七〇〇〇人に達した帰国希望者の名簿を公開して日本政府に圧力を加えた。

日本政府はもともと在日朝鮮人の本国への帰還を望んでいたが、五八年にようやく再開した日韓会談での韓国への配慮からその要請を即座に受け入れることはできないでいた。だが、五九年一月二〇日、日本赤十字理事会は帰国問題が政治と分離した人道問題であるとして問題の早期解決を訴え、これを受けて二月一三日、日本政府は、ついにいわゆる「閣議了解」(在日朝鮮人中北朝鮮帰還希望者の取り扱いに関する閣議了解)を発表する。その内容は、帰国に伴う一切の業務を日本赤十字社(日赤)と赤十字国際委員会(ICRC)に委ね、日本政府は帰国のための配船も行わない、というもので、文字通り、「よきに計らえ」式の〝了解〟であった。「閣議了解」は、韓国への配慮をにじませたものであったが、これに対する韓国側の反発は想像以上に激しく、韓日会談の打ち切りや李ラインの監視強化、抑留日本人の釈放拒否など報復措置が断行された。日本では民団が、「北韓送還反対闘争委員会」を結成し、「北韓送還」が韓国の主権侵害であり、非人道的行為だとする抗議文を日本政府に突きつけた。

民族の大移動

しかし、総連によって主導された帰国運動は、こうした民団の抗議をかき消すほどに圧倒的だった。「閣議了解」を前後して一斉に在日朝鮮人の帰国問題を報道し始めた新聞各紙も、日本の対応は人道的に当然の措置であり、抑留中の日本人漁民の送還を拒否する韓国政府こそ「人質外交」であり「非人道」的と非難した。この論調は『産経』、『読売』、『朝日』など各紙に共通していた。そういう世論の追い風もあって、帰国運動は一大高揚期を迎え、三月三日には、日朝赤十字会談の早期開催を求める「帰国実現大会」が日本全国五八カ所、一〇万人余りの参加を得て実施された。

日朝赤十字会談はジュネーブで四月に始まり、六月二四日、帰国協定の仮調印、そして八月一三日には、インドのカルカッタで「帰還協定」(日本赤十字社と朝鮮民主主義人民共和国赤十字会との間の在日朝鮮人の帰還に関する協定)が正式調印された。その後も帰国の手続きや意思確認などをめぐる難題が行く手をさえぎったが、一二月一四日、ついに新潟港から二三八世帯九七五人がソ連籍の二隻の船(クリリオン号とトボルスク号)に乗り込み、北朝鮮の清津港に向かった。この一二月には第三次までの帰国船で二九

新潟港での歓送の様子(1960年代)

四二人が帰国し、六〇年には五万人近く（四万九〇三六人）、六一年には二万二八〇一人と、わずか二年余りで、七万五〇〇〇人が帰国した。資本主義国から社会主義国への、二〇世紀の歴史の中では希有の民族の大移動であった。

帰国運動の背景

「法務府民事局通達」や「路線転換」のあった一九五〇年代は、在日朝鮮人にまつわるあらゆる問題が、国民や民族の論理に収斂されていく過程であった。日本政府は、五二年、一片の通達を通じて在日朝鮮人を一律に「外国人」としたが、在日朝鮮人の側も自らを「外国人」として律したわけである。だが、すでに述べたように、戦後、日本に踏みとどまった在日朝鮮人の大半は戦前から日本社会に根を降ろしていた人々であり、五九年にはすでに六〇％以上が日本生まれの二世か三世であった。しかも、当時の在日朝鮮人の大半（九六％余り）は、朝鮮半島の韓国側領域の出身者であった。もちろん、それでも帰国を求める動きは朝鮮戦争以後も絶えなかったが、漠然とした祖国指向が居住地の移転を伴う帰国の決断や実行に直ちに結びつくわけではなかった。実際、五八年五月に開催された総連の第四回全体会議は、「生活の長期体制と正常化」という方針が決定され、「在日朝鮮人の帰国意思」はむしろ「抑制」されていたのである。

五八年の中留集会以降、にわかに帰国運動が大規模化した背景について最近の研究は、当時の東アジアの冷戦構造のなかでの北朝鮮の状況判断や政策変化を一様に指摘している。要するに北朝鮮は、金日成単独支配の確立や社会主義建設での達成をふまえて、日韓の離間や日朝関係の推進、対南戦略、さらに経済建設の人的資源の確保など複合的な利益を求めて大量帰国政策に踏みきり、総連もそれまでの方針を変えて、組織を挙げてそのためのプロパガンダを展開したのである(朴正鎮『日朝冷戦構造の誕生　一九四五―一九六五』)。

だが、もちろん、在日朝鮮人の歴史の中でも最大規模の運動といえる帰国運動が、北朝鮮の指令や総連のプロパガンダだけで実現しうるものではない。言うまでもなく、多くの在日朝鮮人が日本での生活に見きりをつけ祖国に夢を託した背景には、なんといっても救いがたいほどの貧困や差別があった。

ニコヨンと生活保護

日本国籍を失ったことによって、朝鮮人は、国・自治体の職員はもとより、国鉄や郵便局などの公共機関に職を得ることができなくなったし、公営住宅入居をはじめほとんどの社会福祉制度で「国籍条項」によって適用外とされた。ドッジ＝ラインで不況に苦しんでいた日本経済は朝鮮戦争によって息を吹き返し、産業界は「糸へん景気」「金へん景気」で沸いたが、六割が事実上の失業者とされた在日朝鮮人の生活状態は一向に改善されなかった。大半の在日同胞は、「失対日雇」(四九年に始まる失業対策事業で職安を通じ

表 4　被保護朝鮮人数および保護率

	登録朝鮮人数	被保護朝鮮人数	保護率	一般保護率
1951 年　8 月	554,768	59,968	10.8%	2.4%
1952 年　3 月	564,458	62,648	11.1%	2.5%
1952 年　9 月	571,008	74,911	13.1%	2.4%
1953 年　3 月	543,065	81,168	14.9%	2.3%
1953 年　9 月	552,252	97,837	17.7%	2.2%
1954 年　3 月	559,756	112,222	20.0%	2.2%
1954 年　9 月	564,849	123,913	21.9%	2.1%
1955 年　3 月	568,179	133,709	23.5%	2.2%
1955 年　9 月	574,510	137,472	23.9%	2.2%
1955 年 12 月	577,682	138,972	24.1%	2.2%
1956 年 12 月	575,287	89,763	15.6%	2.0%
1957 年　6 月	597,237	81,631	13.7%	1.6%
1957 年 12 月	601,769	80,178	13.3%	1.8%

(資料)京都府行政文書 b『簿冊番号・有期 32—003　外国人保護一件　昭和三二年度』. 金永子「生活保護制度における朝鮮人処遇をめぐって」

て斡旋された日雇い労働、日当二四〇円から「ニコヨン」と呼ばれた)か、生活保護(生保)以外に生きる手立てを見出すことができなかった。

後者の生保については、表 4 のように五〇年代初めの在日朝鮮人の保護率は一割余りであり、日本人のそれをはるかに上回っている。五〇年の枝川町の調査では、調査対象一一六世帯のうち八九世帯(約七七%)が被保護世帯であった(前掲「在日朝鮮人の社会実態」)。朝鮮戦争の特需景気がおわった五〇年代半ばには景気が落ち込んで在日朝鮮人住民のほぼ四人に一人、神奈川、京都、岡山では朝鮮人住民の半数近くが生保に依存するという事態となった。

こうした朝鮮人保護率の急増に対して日本政府は、五六年、朝鮮人被保護者の大幅な打ち切りを断行した。その結果、神奈川では保護率が四九％から二〇％に、保護率が五〇％を超えていた京都では一五・七％、つまり三分の一以下に落ちこんだ。表4にあるように、二四％を超える水準にあった全国の保護率も一三％台と半分近くまで減少した。生保打ち切りの断行された五六年の都市勤労世帯の平均収入（実質収入額）は三万円近くであったが（経済企画庁調整局『国民生活の現状』昭和三二年）、同年の五人家族の保護基準額は八〇〇〇円、「ニコヨン」などで多少の収入がある場合、支給額は、四〜六人家族で五〇〇〇円ほどだったと言われる（籠山京『低所得層と被保護層』）。そういうわずかな、しかし最後の拠り所でもあった生保に廃止や減額の処分が断行されたのである。戦後一〇年余りの窮乏生活に倦み疲れ、万策尽きて、もうこの地を去りたい、との気分が朝鮮人のコミュニティを覆い始めたとしても不思議ではなかったであろう。

五〇年代後半の韓国

一方、その頃は、在日朝鮮人のもう一つの祖国である韓国も在日朝鮮人がその未来を託しうるような状況からはほど遠かった。五〇年代後半の韓国は、朝鮮戦争の傷跡も生々しい、貧しい農業国の域を脱しきれないでいた。米国の戦略援助に依存した工業化も五〇年代末には頭打ちとなり、一人当たり国民所得も八〇ドル前後で低迷した。都市には失業者があふれ、農村では春先に食いつめる〝春窮〟や〝絶糧〟が社会問題となっていった。「たまに民団の人がしっかり稼いで、かなりの金額をためこみ、それをもって永住帰国しても、一、二年してから無一文同然で日本へ舞い戻ってくる例が少なくなかった」(『民団新宿六〇年の歩み』)といわれる。

「小松川事件」の衝撃

中留分会の帰国決議があった五八年八月、都立小松川高校で女子生徒の遺体が発見され、翌月、一八歳の李珍宇《イジンウ》がこの女子生徒を殺害した容疑で逮捕された。いわゆる「小松川事件」である。李は、日雇労働者の父と半聾唖者の母との間に、貧しい亀戸の朝鮮人部落で生まれ育ち、日本名を名乗り、日本語しか話せぬ朝鮮人二世であった。中学卒業後は、日立製作所と第二精工舎に国籍を理由に就職を拒否され、都立小松川高校の定時制に入学していた。帰国運動というある種の民族運動が一大高揚期を迎え、民族という価値規範がその重みを決定的に増した時代にあって、李珍宇は、女子生徒ともう一人の女性の殺人の罪を問われて最高裁で死刑を言い渡された(六二年一一月執行)。李自身は、自らが犯した罪と、朝鮮人としての出自や境遇を必ずしも結びつけて考えていたわけではない。だが、多くの在日朝鮮人が李の境遇に我が子や自分自身のそれを重ね合わせて、行末への不安や絶望を抱いて〝社会主義の祖国〟に一筋の希望を見出したとしても不思議ではなかったといえよう。

第4章

二世たちの模索

在日朝鮮人解雇は不法
横浜地裁判決
民族差別許されぬ
採用通知後に取り消し 日立が敗訴
裁判所、朴さんに軍配
「就職差別は違法」と判決
朴さんの主張認める
「百七十万支払え」
「主体性回復」の3年半
勝ち負けより大事
うれし泣き、朴さん
四年間の"霧"晴れて

朴鐘碩氏の勝訴を報じる新聞(1974年)

1　日韓会談と在日社会

四月学生革命の波紋

一九六〇年四月、韓国で未曽有の不正選挙に端を発する学生・市民の抗議行動（四月革命）によって建国以来一二年に及んだ李承晩《イスンマン》政権が倒れた。帰国事業によって運動の一大高揚期を迎えていた総連は、これを「帰国事業に続く勝利」と位置づけ、「八・一五解放一五周年記念日までに民団を解散させる」（五月八日の緊急拡大中央委員会）と、かさにかかって民団に攻勢をかけようとした。ところが、この強硬路線は、北朝鮮の、いわゆる「船上指導」によってほどなく修正された。五月三〇日、急遽、全国の地方本部委員長が招集され、民団に対して「相互不可侵の立場」で臨むことが指示された。帰国船は、五九年一二月～六〇年末までの一年で五一次にわたって新潟港への入・出港を繰り返し、「船上指導」という、総連に対する北朝鮮労働党の直接指導を可能にしていた。北朝鮮は、四月革命直後から韓国の政党・社会団体に対話を呼びかけていたが、総連に対して民団への攻勢を控えるように指導したのもこの「対話路線」にそったものであった。

四月革命は、民団社会に深刻な動揺をもたらした。すでに帰国事業の本格化した一九六〇年から、静岡、大阪、京都などの各地で民団から集団脱退して総連に走るというケースが相次いでいた。そういうなかで民団は、五月二五〜二六日の両日にかけて第二五回全国大会を開いて「第三宣言」*を発表し、「これまでの体制からの脱皮」が宣言された（『民団四〇年史』）。七月の臨時大会では、対立候補の権逸を僅差でかわして団長に選出された曺寧柱《チョヨンジュ》が、総連の対話路線に呼応する構えを示し、中央から傘下団体に至る幅広い対話と交流が実現した。

＊　一九四六年の創団、大韓民国建国にともなう改称（在日本朝鮮居留民団から在日本大韓民国居留民団へ）と五大綱領策定に次ぐという意味で「第三宣言」とされている。

李承晩政権を退陣に追い込んだ韓国の学生たちの闘いが民団傘下の学生・青年たちにもたらした衝撃は計りしれない。この時期は日本でも日米安保改定阻止闘争が空前の高揚期を迎えていた。李承晩が退陣を表明した四月二六日には、約八万人が国会に請願行動をおこない、全学連主流派は、前年一一月二七日に次いで二度目の国会突入をはかった。そして、当時、日本の大学でキャンパス生活を送っていた二五〇〇人余りの在日学生たちもこういう騒然とした時代の空気を胸深く呼吸していた。韓国政府に直結していた在日大韓青年団も、一〇月、「在日韓国青年同盟」（韓青同）へと名称を変え、本国の民主化・統一をめざすようになっていた。一世から二世への世代交代もすすみ、六〇年代前半には、韓学同の活動を経験した在日青年が韓青同の組織幹部として登場し始める。

八月一四日、金日成《キムイルソン》は、南北の異なる体制の存続を保障する「南北連邦制案」を、統一への過渡的な措置として南側に提起した。その提起は、朝鮮戦争の惨禍を超えて韓国社会の底流にくすぶりつづけた民族主義のマグマを刺激し、韓国の進歩勢力や学生の統一論議とその取り組みを本格化させた。さらにそれは、在日社会の統一への機運を高揚させた。提案のあった翌日(一五日)、総連は早速、全国で一五万人の参加する「祖国解放一五周年記念在日朝鮮人大会」を開き、「連邦制統一案」を支持する決議を採択した。南北統一は間近であり、「平和統一が達成されれば、在日同胞の問題も根本的に解決をみるであろう」(総連第二四回中委での韓徳銖の報告)という楽観的空気が、総連関係者だけではなく、在日の知的世界全体をおおった。民団も総連の対話路線に呼応し、言論、文化、芸術などの多様なレベルの交流が六一年までつづいた。

朴正熙軍事政権の登場

だが、六一年五月一六日、韓国の中堅将校らを中心とする軍事クーデターがあり、四月革命以後の短い「ソウルの春」に終止符が打たれた。クーデターの一撃で政治の実権を掌握した朴正熙《パクチョンヒ》ら軍部は、野党・学生・教員労組などの民主化運動や統一運動の参加者を手当たり次第に拘束した。逮捕者の中には民団幹部で四月革命後に渡韓して『民族日報』を創刊した趙鏞寿《チョヨンス》もいた。中立化統一論を主張した趙は、総連からの資金提供を受けたとしてクーデター直後の五月二〇日に逮捕され、一二月、処刑された。在日韓国人が軍事政権に政治犯として逮捕・処刑された最初の事件であった。*

* 二〇〇六年韓国の「真実・和解のための過去事整理委員会」は、同事件の再審を勧告し、二〇〇八年ソウル地裁は無罪の再審判決を下した。

クーデター当日、民団は、全体大会の二日目で、役員の選出があった。曺寧柱にかわって新たに権逸《クォニル》が団長に選出されるが、新団長は、就任早々、他の民団機関長（議長、監査委員長）を説得して軍事革命支持を打ち出した。権逸は、一カ月前からクーデターの情報をつかんでいてそうした即決の対応が可能だったという。「革命政府の絶対支持」を基本方針とした権逸執行部は、総連との交流をすすめた民団内の勢力を「内部五列」として「徹底排除」に動き出した（『権逸回顧録』）、韓学同、韓青同、さらには後に「有志懇談会」と言われる、非主流派（改革派）との軋轢が兆し始める。とりわけ、韓学同はクーデター直後の定期大会（五月二七日）で「クーデター政権打倒」の声明を発表し、その後も民団内では最もラディカルに反軍政闘争を繰り広げた。これに対して民団は、韓学同の執行部全員を停権処分にして民団肝いりの執行部要員を新たに送りこんだ。韓学同は分裂の危機を迎えたが、六三年五月の全体大会で改革派の後押しを受けた金今石《キムグムソク》執行部が誕生し、六月には、反軍政を掲げる学生たちが韓学同の主導権を取り戻した。

軍事政権の登場は、日韓会談を大きく前進させ、六月には池田・ケネディ会談、九月の金鍾《キムジョン》泌《ピル》中央情報部長の訪日、一一月の朴正煕の訪米・訪日などがあり、日米が韓国の軍事政権を支え、日韓の国交正常化によって韓国の経済発展や政治の安定をはかるというシナリオが確定した。六二年一一月には金鍾泌中央情報部長・大平外相会談があり、請求権(経済協力)問題が無償三億ドル・有償二億ドルで妥結した。こうした日米韓の同盟関係の進展に対抗して北朝鮮は、ソ連、中国と相次いで、軍事同盟の性格をもつ「相互援助条約」を締結し、東アジアの対決構造が一段と深まった。クーデターによって南北統一への絶好の機会を逃した金日成は、その原因を韓国における前衛党の不在に求め、「南朝鮮革命」をめざす前衛党の建設や「反米救国統一戦線運動」に傾いていく。その間、組織内から民対派を排除して排他的な指導体制を固めつつあった韓徳銖《ハンドクス》・金炳植《キムピョンシク》も、北朝鮮の「南朝鮮革命路線」に対応する総連組織の改編をすすめた。

六三年一二月、朴正煕は、「民政移管」によって第三共和国の大統領となってすでに大詰めの段階にあった日韓会談の仕上げに臨んだ。しかし、韓国の学生たちの激烈な反対運動がこれに立ちはだかり、野党もこれに同調して韓国中で条約反対の機運が沸騰した。日本でも社会党の総評と共産党を中心に日韓会談反対運動がたたかわれた。だが、この頃には、中ソ論争の本格化を背景に、日本共産党の分裂(春日庄次郎らの離党)や、六二年原水爆禁止世界大会での社共の対立などがあり、運動の足並みは乱れがちであった。北朝鮮と総連は、六三年、北朝鮮への「自由往来運動」を提起し、帰国運動と安保闘争が相乗的に進展した五九年の状況の再現をもくろんだが不発に終わった。

金今石執行部は、韓学同や韓青同とともに、日韓会談の重要な懸案の一つであった在日韓国人の「法的地位要求貫徹」のための取り組みを展開した。だが、六四年七月には、朴正熙政権に追随して韓日会談の早期妥結を訴える権逸が団長に返り咲き、ふたたび民団執行部と、韓学同や韓青同、民団内の改革派との溝が深まった。

廃案となった外国人学校法案

日韓会談は、大筋で六四年一二月の第七次会談で妥結し、翌年二月仮調印、六月本調印、一二月批准という運びとなった。日韓の国交正常化の最大の眼目とされるべき過去清算の問題は棚上げされ、そのことは在日朝鮮人の処遇にも大きく影を落とした。「久保田発言」*は形の上では撤回されたものの、六五年一月には植民地支配は「善意でやった」という高杉発言(第七次交渉の首席代表・高杉晋一の発言)があり、一四年の交渉を経てもなお日本政府の歴史認識になんら変化のないことが明らかとなった。しかも高杉は、「創氏改名もよかった。朝鮮人は同化し、日本人と同じく扱うためにとられた措置であって、搾取とか圧迫とかいうものではない」(『アカハタ』六五年一月一二日付)と言い放った。

こうした高杉の認識は、条約発効と同時に発せられた民族教育に関する二つの「文部事務次官通達」**にそのまま投影された。通達は、在日の子どもたちを「日本人子弟と同様に取り扱う」として日本人学校での民族学級を否定した。さらに、民族学校についても、「我が国の社会にとって各種学校の地位を与える積極的意義を有するものとは認められないのでこれを各種学校として認可すべきではない」とした。

* 日韓会談第三次本会議(五三年一〇月)での日本側代表久保田貫一郎の発言で、日本の植民地支配を正当化した。

** 「法的地位協定における教育関係事項の実施について」および「朝鮮人のみを収容する施設の取り扱いについて」。

学校閉鎖という受難(第三章2「占領政策の転換」)を経た朝鮮人学校は、公立学校やその分校として教員人事や教育内容に著しい制約を受けるか、無認可の学校として存続する以外になかった。しかし、こうした冬の時代にも在日朝鮮人の民族教育への熱意は冷めることはなく、五三年には学生数がほぼ倍増して二万人を超える水準にまで回復した。さらに総連結成を前後する頃からは、自主学校(学校教育法に言う各種学校として認可を受けた私立学校)への転換が模索された。五六年には朝鮮大学校(当初は二年制で校舎も東京都北区の朝鮮中高級学校の敷地の片隅に置かれた)が創設され、五七年には北朝鮮から最初の教育援助費、約一億二〇〇〇万円が送付された。五〇年代の末には帰国運動の高揚もあって朝鮮人学校はふたたび全盛期を迎え、四年制になって小平市にキャンパスを構えた朝鮮大学校を頂点に全国各地の初級学校を裾野とする教育体系がととのえられた。六〇年には、学校数三七一校、学生数も四万六千人余りに達して、わずか六校*で学生数が二千人ほどにすぎなかった非総連系の民族学校を圧倒していた。その教育内容は北朝鮮の社会主義建設に忠実な「共和国公民」の育成をはかるもので、そういう「社会主義的愛国主義教育」を貫くためにも、「自主学校」への転換がすすめられたのである。「文部事務次官通達」は、こうした自主学校に対して各種学校としての認可を与えないように各自治体に指示するものであったが、多くの都道府県は認可を与えつづけた(六五年一二月~六六年四月の間に三〇余りの朝鮮学校が認可を受けた)。さらに、六八年には、前年に成立した革新都政の美濃部都知事が文部省の横やりをはねのけて朝鮮大学校の認可に踏みきった。

＊ 大阪白頭学院（建国高等・中・小学校）、大阪金剛学院、倉敷韓国学院、東京韓国学院、京都中学校、宝塚韓国小学校。

こうした自治体の動きに業を煮やした日本政府は、一九六八年三月、外国人学校への管理・統制を文部省に一元化する「外国人学校法案」を国会に上程するに及んだ。法案には、学校の設置から校長・教員の任免、授業内容などの文部大臣への報告義務や、立ち入り検査の権限強化が規定され、外国人学校がこれらに違反する場合は、「授業の中止命令」や「学校の閉鎖命令」を出すことができる、とされていた。これに対して、総連はもとより、韓青同や韓学同なども「民族学校死守」を掲げて法案に反対する「決起集会」を東京、大阪などで開催した。さらに革新都政を実現した社共など革新勢力が国会の内外で反対運動を展開し、法案は廃案に追いこまれる。

法的地位協定

民族教育を重視した総連に対して、民団や韓学同・韓青同がこの時期一致して取り組んだ課題は日本での法的地位の改善だった。在日韓国人の法的地位の問題は日韓会談の重大案件の一つともなっていたし、日韓条約締結を控えて、韓学同・韓青同は、「子孫万代まで父母と同等の永住権を与えよ」、「永住権付与者に対する強制退去絶対反対」といったスローガンを掲げて「法的地位要求貫徹」闘争をたたかった。だが、実際に締結された「法的地位協定」(「在日韓国人の法的地位及び処遇に関する大韓民国政府と日本国政府の協定」)は、「協定永住権」の適用範囲を、戦前から引き続き日本に滞在している者、及び四五年八月一六日から協定発効の五年以内に生まれた二世、三世の韓国籍保持者に限定した。つまり、解放後、密航などで渡日した韓国人は、戦前からの日本居住者でいったん帰国して日本に舞い戻った者も含めて適用外とされたし、協定発効から六年以降に生まれた三世、四世については九一年までに改めて日韓の政府間協議の対象とすることになった。後者は「九一年問題」として在日の法的地位をめぐる重大な懸案として残されることになる。「退去強制」についても「日本国の外交上の重大な利益を害した者」は禁固以上で退去強制の事由とされ、場合によっては、韓国政府に反対するデモ闘争などで検挙されるだけで退去強制を受けかねない内容になっていた。

「法的地位協定」にみられる日本政府の本音は、東アジアの冷戦政策の遂行上、韓国籍保持者に限って「永住権」を付与するが、その中身はできるだけ限定したい、というものにほかならなかった。当時の首相、佐藤栄作は、国会答弁で「永久に永住権、居住権」を認めて、「外国人として特殊な生活様式を持つこと」は「将来に禍根を残す」(日韓条約及び協定に関する衆議院特別委員会六五年一〇月三〇日)と述べたが、マスコミの論調もこれと似たり寄ったりであった。『朝日新聞』も、「子孫の代まで永住を保障するとすれば、将来この狭い国土の中に、異様な、そして解決困難な少数民族問題を抱え込むことに」(六五年三月三一日付社説)なると書いた。日本側のこうした同化主義は、韓国側の在日に対する「棄民政策」と表裏の関係にあった。六五年、李東元《イドンウォン》外務部長官は、「在日韓国人は日本人に同化される運命にあり、在日韓国人に対して、そのような方向での日本国民の配慮を期待する」と語り、当時の韓国政府の認識を露わにした。

在日韓国人の「法的地位」をめぐる日韓両政府のこうした姿勢は、韓学同・韓青同など民団内の改革派からもつよい反発を招いた。韓学同は街頭でのデモ闘争を繰り返し組織し、ときには警察とも衝突した。だが、民団の権逸執行部は、一一月に声明文を発表し、日韓会談の「妥結内容を心から支持・歓迎し、日本政府に深甚な敬意」を表明して憚らなかった。

協定永住をめぐる攻防

日韓両政府は、協定永住の申請が六六年中に一〇万人、五年の申請期間(六六年一月〜七一年一月)中には三六万人(協定永住の該当者は五六万人)にのぼるものと見こんでいた。ところが、六六年一月から始まった申請の滑り出しは極めて不調で、六七年五月末現在で申請者は三万二千人余り(許可二万千人余り)にとどまった。韓国政府は、国交正常化にともなって設置された総領事館(大阪、福岡、札幌)や領事館(神戸、下関、横浜、名古屋、仙台)、そして民団組織を梃子に永住権申請者の獲得にやっきとなった。六六年九月、初代駐日大使・金東祚《キムドンヂョ》は、「永住権の申請をしないものは旅券発給を停止する」とまで表明した。「永住権」や国籍変更をめぐってこれを推進する韓国政府・民団と、これを阻止しようとする総連との熾烈な攻防が全国で繰り広げられ、永住権の申請期限の切れる七一年一月の大阪生野区役所前では乱闘騒ぎも起こった。最終日の一月一六日、生野区役所は深夜一二時まで申請を受けつけたが、総連側の妨害で六〇人余りが申請漏れとなる事態も起きている(『民団大阪三〇年史』)。

出足が不調であった協定永住の申請は、申請締めきり一年を控えた頃から韓国政府と民団の猛烈な追いこみが奏功したのか、申請が急増した。日本政府も、協定永住権取得にともなう居住経歴審査や戦後入国者の永住権取得審査の緩和などの措置をとって(六九年韓日法相会議の共同声明)、民団の申請促進運動をバックアップした。民団の最後の追いこみがいかに激しいものであったかは、五年の申請期間のうち、最初の四年では一五万九〇〇〇人にとどまった申請者数が、残り一年で二〇万人近くに達していることからもうかがうことができる。

結果的に、協定永住権申請者は三五万一七五五人(そのうち許可されたものは三四万二九〇九人)に達した。朝鮮籍保持者の数が、申請期間に五万六千人近く減少していることから、少なくとも申請者のうち一割以上は、朝鮮籍からの転籍であったものとみられる。朝鮮籍保持者にとって協定永住の最大のメリットは、その第四条で「教育、生活保護及び国民健康保険」について「妥当な考慮を払うものとする」とされている点にあった。教育は実質的に日本人学校での同化教育を「差別なく」受けることができるということでしかないし、生活保護も日本人に準じて適用されてきたので、それほどメリットはなかった。だが、国民健康保険は、日本企業の就職差別の壁が厚く社会保険からはほとんど排除されていた在日朝鮮人にとっては極めて切実であった。協定永住権をめぐる在日朝鮮人の対立や苦悩を取材した『朝日新聞』(七〇年一〇月七日)は「悩み多い〝永住権〟――国保なければ命を落とす」という見出しで、総連系の人びとにとって協定永住申請が国保加入のための苦渋の選択だったという実情を明かしている。

ともあれ、こうして、表5のように総連結成時(五五年)には七五・一%(四三万三七九三人)を占めていた朝鮮籍保持者は、七〇年一二月には過半数を割り、四六%(二八万二八一三人)にまで落ちこんだ。

もちろん、朝鮮籍在日朝鮮人の減少は、協定永住による囲いこみだけがその原因であったわけではない。そもそも帰国運動の成功が、皮肉にも、総連の大衆的基盤を掘り崩し、その後の総連組織の下降を決定づけていたのである。帰国事業は六八年~七〇年の中断を挟んで八四年まで続き、最終的には、日本人妻やその子など日本国籍保持者の六八三九人を含めて九万三三四〇人が日本を去った。帰国したほとんどの同胞は、当然、総連の支持者であり、その帰国は、長期的な組織の形成・維持の観点からいえば、勢力基盤の重大な損失とならざるをえなかった。

協定永住は、この総連の勢力基盤をさらに侵食する効果をもった。大量帰国が実現したピークの五年間(六〇年~六四年)に九万五千人近くの朝鮮籍保持者が減少し、協定永住の申請期間の五年間(六六年~七〇年)にはさらに五万六千人近くが減少している。結局、この二つの出来事

表 5　国籍別統計

年度	韓国籍		朝鮮籍	
	人数	%	人数	%
1950. 3	39,418	7.4	495,818	92.6
50	77,433	14.2	467,470	85.8
51	95,157	17.0	465,543	83.0
52	121,943	22.8	413,122	77.2
53	131,427	23.6	424,657	76.4
54	135,161	24.3	421,078	75.7
55	143,889	24.9	433,793	75.1
56	146,331	25.4	428,956	74.6
57	158,991	26.4	442,778	73.6
58	170,666	27.9	440,419	72.1
59	174,151	28.1	444,945	71.9
60	179,298	30.8	401,959	69.2
61	187,112	33.0	380,340	67.0
62	199,174	35.0	370,186	65.0
63	215,582	37.6	357,702	62.4
64	228,372	39.5	350,173	60.5
65	244,421	41.9	339,116	58.1
66	253,611	43.3	331,667	56.7
67	267,261	45.2	324,084	54.8
68	289,551	48.4	308,525	51.6
69	309,637	51.0	297,678	49.0
70	331,389	54.0	282,813	46.0

(資料)李光奎『在日韓国人——生活実態를中心으로』

に揺れた六〇年代、朝鮮籍保持者の減少は一五万人近くにのぼった。

金炳植事件

三五万人に及ぶ「協定永住」の申請によってその力に翳りが見え始めていた六〇年代後半は、総連にとって金炳植による組織の硬直化が進んだ時期でもあった。金炳植は、「日朝国交正常化」から「南朝鮮革命・統一」路線に対外政策の軸足を移していた北朝鮮からも支持を得て六六年、副議長に昇格した。「学習組」や、空手の有段者たちからなる秘密工作部隊（ふくろう部隊と呼ばれた）が、金炳植のライバルや批判者への監視や検閲、過酷な「総括」や「自己批判」を強いた。

総連組織のこうした硬直化は、六七年に朝鮮労働党内で、朴金喆《パククムチョル》らの「甲山系」が粛正されて金日成のチュチェ（主体）思想が党の唯一思想として定められたことにも関係していた。金日成の指導思想は、マルクス・レーニン主義さえも越えるオリジナルな思想に格上げされ、植民地期の金日成の抗日運動にまつわる「革命伝統」が総連組織や民族学校での必須の学習項目となった。金炳植は、総連組織内でのチュチェ思想や革命伝統に基づく「唯一思想体系」の確立を強力に推し進め、七一年には第一副議長にまで昇りつめる。七二年にはついに韓徳銖さえも棚上げして実質的なトップの座を狙うが、韓徳銖の反撃にあい、金日成が韓徳銖を支持したことで、金炳植は失脚して北朝鮮に召喚された。

指導部内の対立や混乱を裁定するのは常に金日成の「教示」であり、政策形成や組織運営における民主主義はみるみる形骸化していった。中堅や末端のイルクン(活動家)たちの愛国心や社会正義への情熱は健在であったが、幹部たちの多くは、傘下の同胞の意向よりも遠く海を隔てた権威にすがりがちとなった。金炳植の失脚後も、総連のそうした体質に変化はなく、金日成の神格化もさらにすすんだ。七三年には朝鮮労働党内で金正日が台頭して、チュチェ思想を唯一の指導体系とする「金日成主義」の誕生が高らかに宣言された。

引き裂かれる二世

戦後二〇年を経てもなお、日本社会は、自らの歴史が産み落とした民族的少数者の存在を、「禍根」や「異様」としてしか見なしえず、在日朝鮮人は弛まない差別や同化への圧力に直面していた。その一方で、日韓条約は在日社会を深く引き裂いた。韓国か北朝鮮か、民族への帰属か日本人への同化か、本名か通名か、さらには組織か個人か、青年期を迎えた多くの在日二世たちは、そういう問答無用の択一的な問いの前に立たされつづけ、精神の座標軸を見失って暴走する在日朝鮮人も少なくなかった。

六八年二月、在日二世の金嬉老《キムヒロ》(当時三九歳)が寸又峡温泉(静岡県)のある旅館に五日間にわたって籠城し、全国にテレビ中継されるという事件が起こった。手形トラブルから二人の暴力団員を殺害して逃走した挙げ句の籠城であった。籠城の間、金嬉老は日本社会の在日朝鮮人にた

『いのち燃えつきるとも』表紙

いする民族差別を告発し続けた。

七〇年一〇月には、山村政明（梁政明）が焼身自殺を遂げる。山口県に生まれた山村は、九歳の時、家族ぐるみで日本国籍を取得し、六七年苦学して早稲田大学第一文学部に入学したが、経済的理由で退学を余儀なくされ、翌六八年夜間の第二文学部に再入学した。大学入学後、学園紛争に関与し、学内自治会を支配していた新左翼系党派と対立して登校妨害を受けた。そういうなかで日朝関係史や民族問題に関心を深め朝鮮人として生きることを決意するが、在日同胞学生サークルからは帰化を理由に拒絶される。「抗議嘆願書」と記された遺書には党派への批判とともに、自己の国籍と民族にまつわる苦悩が切々と記されている（『いのち燃えつきるとも　山村政明遺稿集』）。

2　在日朝鮮人社会の変容

七・四共同声明と民団

総連で金炳植が台頭した六〇年代後半、民団は、「韓国民族自主統一同盟」（韓民自統）という新しい勢力の登場によって揺れ動いた。この韓民自統は、統協の流れを汲む元心昌《ウォンシムチャン》や、進歩党事件などで日本に亡命した李《イ》栄根《ヨングン》らによって組織され（六五年七月）、『統一朝鮮新聞』『統一朝鮮年鑑』などを発行し、民団・総連双方を批判する急進的論陣を張った。六六年には韓民自統の青年組織「韓国民族自主統一青年同盟」（韓民自青）が結成され、韓学同内にも『統一朝鮮新聞』系学生が台頭して法的地位貫徹闘争を重視する主流派との間で激論がたたかわされた。韓学同・韓青同主流派は、日韓条約締結以後も権益擁護を中心にすえて「外国人学校法案」や「出入国管理法案」（六九年）の反対運動に取り組んだが、韓民自青はこれを「権益擁護至上主義」だと非難し、反朴闘争や南北統一運動へと在日青年たちを扇動した。だが、李栄根らは、七〇年代に入ると朴軍事政権を容認する姿勢に転じて韓国政府に直結する民団中央に接近した。

国交正常化によって韓国の領事館や教育文化センターが全国に設置され、これらの機関を通じた本国政府の民団に対する管理や結びつきが一段と強まった。北朝鮮の「船内指導」や「金日成の教示」ほどではないにしても、日本に派遣される公使や領事たちの中には民団を領事館の下位機関とみなすような風潮も現れていた。六九年、韓国では、朴正熙が大統領の三選を禁じた憲法の改悪を打ち出したことから、「改憲反対・護憲」を訴える学生運動が高揚したが、権逸団長は、改憲支援のために全国の地方本部団長を韓国に送り込むなどして、朴正熙に対する忠誠をアピールした。

こうした民団の指導部に民団内改革派が対抗した。六九年三月の中央定期大会(団長選挙)では、改革派の兪錫濬《ユソクチュン》候補が善戦したが、これに脅威を覚えた韓国政府は、七一年三月の民団中央大会(団長選挙)を控えて「録音テープ事件」*として知られる露骨な選挙干渉も辞さなかった。さらに、七二年には、民団中央が韓民自統・韓民自青の敵性団体規定を解除して李栄根らを民団内に引き入れた。その一方で改革派の民団東京本部、神奈川本部に「直轄処分」をくだし、ついには韓青同・韓学同の傘下団体認定取り消しの処分を断行した。韓青同・韓学同に取って代わる新たな学生・青年組織(青年会・学生会)が李栄根らによって民団内につくられた。これに対して、改革派は、本国の「反独裁民主化」という明確な政治目標をかかげて、本国政権と結びついた民団組織の民主化に本格的に取り組み始める。

* 七一年三月の民団中央大会を前に開かれた中央委員会に来賓として出席した金在権公使が改革派の要人が総連幹部と密談した録音テープがあるとして兪候補を支持しないよう干渉した事件。

この年の七月四日に韓国・北朝鮮の当局が自主、平和、大同団結という祖国統一原則に合意した「南北共同声明」が突如発表された。「南北共同声明」の発表は、法的地位問題から本国志向の政治路線に転換しつつあった韓学同・韓青同の青年たちにとって、まさしく魂を揺さぶる出来事となった。統一への期待と興奮が渦巻き、民団の改革派と総連との共同大会が各地で開かれた。八月七日には、「南北共同声明を熱烈に支持する在日同胞青年たちの中央大会」が韓青同と朝青の共催で開かれ、八七〇〇人（『毎日新聞』七二年八月八日付）が千駄ヶ谷の会場を埋めた。

八月一五日、改革派の民団東京本部（鄭在俊《チョンジェジュン》団長）が、韓国大使館や民団中央本部の反対を押しきって、総連東京都本部と共同して南北共同声明を支持する「東京全体同胞大会」を開いた。千駄ヶ谷の東京体育館に一万三〇〇〇人の同胞を集めて開かれた同大会は、総連と民団の歩みのなかでも特筆すべき大会となった。二〇日には、民団の改革派（有志懇談会）は、「民族統一協議会」（民統協）を結成し裵東湖《ペドンホ》を首席議長に選出した。韓国大使館・民団中央に対して、民統協・民団東京・韓青同・韓学同の改革派が対抗するという民団の分裂が決定的となった。

高度経済成長と在日社会

韓学同・韓青同による民団中央への異議申し立ては、日本生まれの世代が在日社会で新しい価値や言説をつくり出す主体として台頭しつつあることを物語っていた。在日朝鮮人の人口構成から言っても六〇年代末にはすでに二世世代が

表6　帰国者の職業(1963年現在)

土工，人夫，日雇等	4,149
工　　員	1,716
運　転　手	763
会社員，店員等	684
行商人，屑屋等	289
商　工　業	1,125
古物商，仕切屋等	784
遊技場，飲食店営業	259
農林，水産業	572
学　　生	197
そ　の　他	1,001
無職(無記入を含む)	7,805
合　　計	19,344

(資料)金英達・高柳俊男編『北朝鮮帰国事業関係資料集』

七〇%を超えていた。この世代交代に加えて、在日朝鮮人社会は、六〇年代を通じて、まさに構造的ともいえる変化を経験した。そもそも貧困層を中心とした在日朝鮮人の大量帰国自体、在日朝鮮人社会の階層構造に無視できない変化をもたらしていた。もちろん帰国者には、技術者や工場経営者、学生、さらには日本人妻など、多様な階層や境遇の人々が含まれていた。*

とはいえ、やはり帰国者の大半は、枝川や中留《なかどめ》など朝鮮人部落の貧しい住民たちだった。枝川では朝鮮人世帯が「三〇〇軒あった(朝鮮人世帯の)うちの半分は帰った」(金一萬の証言、江東・在日朝鮮人の生活を記録する会編『東京のコリアン・タウン　枝川物語』所収)といわれる。表6のように、六三年までに帰国した男子一万九三四四人のうち「無職」「土工、人夫、日雇等」「工員」「行商人・屑屋」など貧困層と思しき範疇に含まれるものが一万四〇〇〇人近くで全体の七〇%を超えている。

*　帰国者の中には日本人妻とその子など日本国籍保持者が六八〇〇人含まれていた。

しかも、この頃は、高度経済成長にともなう巨大な地殻変動が日本社会ですすみ、在日朝鮮人の日常もこれにともなう変化を免れなかった。高度成長期の大規模な公共投資によって河川敷や不良住宅地の再開発がすすみ、朝鮮人部落、とりわけ「不法占拠」部落は、住民の多くが「いくばくかの補償と、提供された公共住宅に分散して入居することで消滅していった」(金賛汀『在日、激動の百年』)。

変化の波は、日本最大の在日朝鮮人の集住地域である大阪猪飼野の朝鮮市場にも訪れた。六〇年代までは「女の人がチマチョゴリを着て堂々と生活」し、「総連が一番活気のある時期」で「民族教育も盛ん」であった。だが、六九年には地下鉄千日前線の鶴橋駅ができて、客足が鶴橋駅周辺の国際マーケットに奪われ「七〇年代に入ってからだんだん廃れて」いった。朝鮮市場の商いで小銭を貯めて転出したものも多く、世代が変わって「食生活が変わり、チェサ(法事)も簡素化されて、だんだん朝鮮市場の存在価値が下がってきた」(高賛侑『コリアタウンに生きる　洪呂杓ライフヒストリー』)ともいわれる。七三年には行政区画の改変があり、〝猪飼野〟という地名そのものが地図上から消えた。総連系の同胞が大半を占めた東京の三河島や枝川の朝鮮人部落でも、六〇年代には帰国や他地域へ転出した朝鮮人に代わって日本人が流入し、住居もバラックや長屋から一戸建てやアパートに変わっていった。

在日企業の成長

高度成長にともなう経済的なパイの拡大は、在日朝鮮人にとっても新たな起業や経営規模拡大のまたとない機会となり、この機会をとらえて成長した在日企業がやがて民族団体の存続を支えるようにもなった。高度成長がひとしきりすすんだ六〇年代にはカバン、プラスティック成型、履物（ケミカルシューズ、ヘップ・サンダル）製造業や建設業の増加ぶりが目立つ。七〇年代後半以降、製造業分野が停滞もしくは衰退し、パチンコのホール事業などの娯楽業や、焼き肉店などの飲食業が在日朝鮮人の主力産業に取って代っていく（前掲『「在日企業」の産業経済史』）。

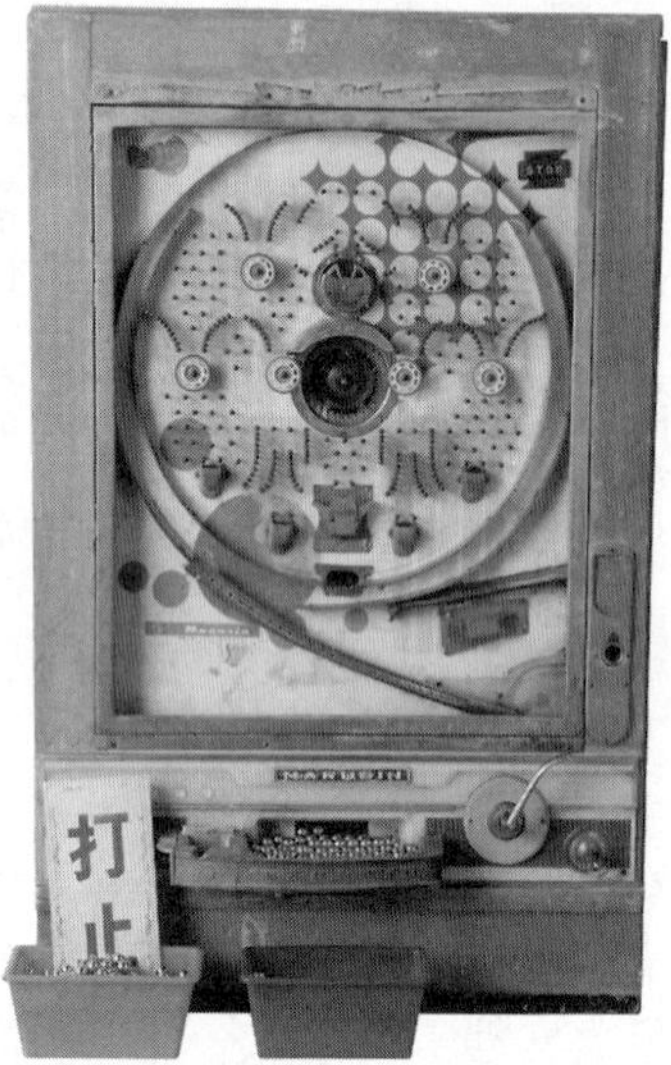

1960年代のパチンコ台（パチンコ博物館提供）

パチンコ産業は、すでに述べたように五〇年代前半に一度目のピークを迎え、いったん下火になったが、六〇年代頃のチューリップ（玉が特定の穴やゲートを通るとチューリップの花弁が開くように一定時間開いて次の入賞を容易にする仕掛け）の登場によって「第二の黄金期」を迎える。その後七〇年代前半にさらにピークがあり、七九年のインベーダーゲームの登場で一度はつまずくが、八〇年代前半にはフィーバー機の登場で爆発的な伸びを示し現在のパチンコ産業の基盤が確立した。九〇年代のピークには総売り上げ三〇兆円の産業に成長し、経営者の七割が在日朝鮮人や中国人に占められていたともいわれる。

　今日、在日のパチンコ最大手のマルハン・コーポレーション（社主・韓昌祐《ハンチャンウ》）も八〇年代のフィーバーブームに乗って経営規模を拡大した企業である。五七年パチンコ経営に乗り出した韓昌祐は、六〇年代後半からボウリング業に手を出したが、多額の負債を出して経営破綻した。だが、モータリゼーションの波に乗って大駐車場完備の郊外型パチンコ店を展開し、これがフィーバーブームとも重なって大成功につながった。この韓昌祐が民団系の企業人を代表する人物であるとすれば、総連系の企業人を代表するのがモランボン（さくらグループ）の全鎮植《チョンジンシク》であろう。朝鮮料理や文化の日本での普及をめざして七二年にモランボンを創業した全は、焼肉のたれの開発や朝鮮料理のレトルト食品化に成功して経営規模を拡大し、日本での朝鮮食品普及のパイオニア的存在となった。

商工会と総連の財政

　こうした在日の遊技業や飲食・食品関連事業の成長をバックアップしたのは、総連・民団傘下の在日本朝鮮人商工会連合会と在日韓国人商工会連合会（現在の名称は在日韓国商工会議所）であった。とりわけ総連の商工会は、国税庁との「合意」（七六年）によって決算事務や税務申告の代行までもが可能になり、在日商工人は税務対策をこの商工会に委ね、節税された利益の多くは総連への寄付金として還流した。さらにパチンコ業などの成長は「朝銀を「互助的金融機関」から大量の資金を供給できる一人前の金融機関へと大きく成長させた」（朴斗鎮『朝鮮総連　その虚像と実像』）ともいわれる。朝銀は六〇年に預金高五〇億円（一二信用組合）であったのが、七〇年には預金高が一〇〇〇億円を超え、七五年には三〇〇〇億円近く（三五信用組合）にまで預金高を伸ばし、八五年には一兆円の大台に達している。パチンコや飲食店は、いわゆる「現金商売」であり、その収入の一部を節税（脱税も含む）して朝銀に架空名義で預金し、さらにこの「裏預金」を担保に融資を得るというのも可能であったといわれる。

結成されて間もない頃の総連の財政は、愛国心に燃える一世たちのなけなしの寄付と、北朝鮮に帰国する商工人が残した資産によって賄われていた。だが、朝銀が商工会の節税活動とむすびついて規模を拡大すると、朝鮮総連の財政活動もこの「朝銀をテコとする活動に軸足を移していった」（朴斗鎮、前掲書）といわれる。六〇年代後半、こうして拡大した総連の年間総予算は一〇〇億円に達し、この潤沢な資金力をもとに一万人規模の学生を動員したマスゲームや、一三階建ての出版会館（東京都文京区白山に七二年建造）の建設によって、日本社会での総連の存在感を誇示できた。七二年の金日成還暦祝いには、工作機械など総額五〇億円にのぼる「忠誠の贈り物」が金日成に贈られ、その後は、金親子の誕生日などの祝事の度に巨額の金や贈り物が送られた。

在日企業の揺籃期に総連が商工会や朝銀を介して果たした役割は実に大きい。しかし、七〇年代には、在日企業の稼ぎ出した富が総連を介して北朝鮮に吸い上げられるという仕組みがつくり出される。八五年、金日成は、総連結成三〇周年の記念式典に祝電をおくり、在日商工人を「総連の基本群衆」「愛国事業の主人」ともちあげた。だが、すでに代替わりを経つつあった同胞の商工人たちにとって北朝鮮への献金は、愛国心よりも、帰国した親族の生活や地位向上を願っての上納金といった意味合いを少なからず帯びていた。

3　二世たちの挑戦

日立就職差別裁判闘争

七〇年代は、高度成長期に人格形成を果たした在日の戦後世代が、就職、結婚、子育てと、生活者として地域社会の現実に向き合い始めた時期でもあった。六〇年代を通じて総連や民団の民族学校に通った在日朝鮮人子女はおよそ二〇～二五

%ほどで、その他のほとんどの子どもたちは、在日のコミュニティからかけ離れて孤立分散したなかで少年期を送った。だが、七〇年代の、差別社会への新たな異議申し立ての主体となったのは、むしろそういう〝民族〟とは無縁な環境で育った若者たちであった。

七〇年一二月、一九歳の一人の青年が日立製作所への訴状を横浜地裁に提出し、三年前の金嬉老とは違うやり方で日本社会の民族差別の壁に挑んだ。訴えを起こした青年・朴鐘碩《パクチョンソク》は、一九五一年に愛知県の貧しい在日朝鮮人家庭で生まれ、高校まで日本の公立高校に通い、その名も新井鐘司(アライ・ショウジ)を名乗った。「生まれて以来、ずっと日本の教育をうけ、自分も日本人の一人として日本の社会に生きるのだと、思いつづけて」(上申書、朴君を囲む会編『民族差別 日立就職差別糾弾』所収)来た青年であった。高校を出た朴は、日立ソフトウェア戸塚工場の求人広告(事務職)に応募して本籍を出生地(愛知県西尾市)として新井鐘司の名で受験し合格した。だが、採用にあたって戸籍謄本の提出を求められて韓国籍であることを告げると一転して採用取り消しを言い渡される。

裁判は三年半におよび、七四年六月の判決まで二二回の公判が重ねられた。朴は、採用を取り消したのは在日朝鮮人に対する差別だと主張し、日立側は、採用拒否の理由は氏名・本籍の虚偽記載にあり、「事実隠蔽は性格的なもので、従業員として信頼しえない」と応じた。裁判では、日本朝鮮研究所の事務局長で朴の支援組織（朴君を囲む会）の呼びかけ人であった佐藤勝巳をはじめ、歴史家の朴慶植《パクキョンシク》、梶村秀樹、作家の李殷直《イウンジク》、宗秋月《チョンチュウォル》などが在日朝鮮人の歴史や差別の実態を訴えた。さらに在日朝鮮人の労働者や学生が証言台に立って生々しい差別の体験を語った。

裁判は朴側の全面勝訴に終わった。日立側も韓国にまで広まったボイコット運動に怯んで控訴を断念せざるを得なかった。判決文は、厳しい差別に直面してむしろ朝鮮人として生きることこそが自己回復の道であると決意した朴にエールを送り、朝鮮人が朝鮮人として生きることを許さない日本社会の現実を厳しく問う、画期的なものであった。「朴君を囲む会」のメンバーであった崔勝久《チェスング》は、この判決を勝ちとった日立闘争を担ったのは、朴と同じような境遇の〈在日〉と、「日本人としての加害者性を自覚し始め〈在日〉の問題提起を受けとめようとする日本人青年」からなる「市民運動」であったと述べている。「市民」という言葉が在日の新しい主体性を表現する言葉として登場しつつあった。だが、総連など既存の民族団体や在日の知識人・作家の多くは、この「市民運動」に対して日本の大企業に就職することは「同化につながる」としてつよい警戒心を示した。

一方で、朴鍾碩の支援に加わった「日本人青年」も、日本の既存の左翼政党とは無縁な人びとであった。帰国運動や日韓条約反対闘争で総連と共闘した左翼政党や労働組合は、この頃には、往時の勢いを失うか、高度成長のシステムのなかに組み込まれつつあった。さらに、こういう既成左翼を批判して台頭した全共闘運動も、独善的な革命の論理を突き進んで孤立していた。組織や集団重視の社会運動が衰えていくなかで、その周辺で、これとは異質の、「べ平連」（ベトナムに平和を！市民連合）や「ウーマンリブ」といった新しいタイプの社会運動（市民運動）が、全共闘（全学共闘会議）運動に加わっていた一部の若者たちをも引きつけながら台頭していた。

こうして、日立就職差別裁判闘争は、在日朝鮮人の社会運動の転換点を示すとともに、日本の社会運動の変化をも物語っていた。

入管闘争とアジア

この変化は、六九年に国会に上程された「出入国管理法案」反対運動にも現れていた。「出入国管理法」は、五一年制定の「出入国管理令」を整備し、六〇年代以降の「外国人観光客の激増や不良外人による犯罪の続発」に対処する立法であると説明された（田中伊三次法相〈当時〉の発言、『毎日新聞』六七年六月一二日）。しかし、そこには、在日朝鮮人や中国人に対する統制強化とともに反戦外国人や脱走兵、移住労働者の流入阻止などの条項も盛り込まれた。総連、民団がこれに対して組織を揚げて反対運動を展開したのにくわえて、べ平連、全共闘、華僑青年団体などが加わる国際共闘が実現した。べ平連や全共闘にとって入管闘争は日本の中の「アジアとの出会い」の場でもあった。その出会いは、侵略戦争や植民地支配の加害者としての意識を深め広めるきっかけともなった。

地域の〈住民〉として

日立闘争を支えたもう一つの源泉は、「地域における〈神の宣教〉」（川崎教会歴史編纂委員会編『川崎教会五〇年史』）を重視し始めていた、在日のキリスト者たちの取り組みであった。桜本、池上、中留など、日本でも有数の朝鮮人集住地域を教区に含む川崎教会（在日大韓基督教会）は、すでに、六九年から在日と日本人の園児がともに学ぶ桜本保育園を開設し、日立裁判以降に各地で活発に取り組まれる地域活動の先鞭をつけた。

入管法反対のデモ

崔勝久はこの川崎教会の青年会会長であり、「朴君を囲む会」の呼びかけ人の一人として参加した李仁夏《イインハ》牧師は、川崎教会の初代担任牧師としてこの地の宣教活動の指導的人物であった。在日大韓基督教会の牧師や信者の訴えは、キリスト教の教派を超えた結束をめざすエキュメニカル運動のネットワークをつうじて海外にもおよび、韓国で日立製品のボイコット運動が起こったのもそうしたネットワークによるものであった。

在日大韓基督教会は、元来、本国との「縦志向」のつよい教会であり、既存の民族団体と同じように、当初は朴鐘碩の支援に積極的ではなかった。日立闘争を支援する崔承久の行動や発言が「同化を助長」すると批判され、青年会会長職を解かれるという一幕もあった(前掲『民族差別 日立就職差別糾弾』)。日立闘争の経験は、そういう在日大韓基督教会を変え、「地域における〈神の宣教〉」を本格化させるきっかけともなったのである。

日立闘争のあった七〇年代はじめは、高度成長のひずみが環境破壊や都市問題として顕在化し、生活の場としての「地域」にねざす、住民の下からの異議申し立てが高まっていた。六四年の統一地方選挙に始まり、美濃部都政の誕生(六七年)を経て、七〇年代の前半までつづく「革新自治体ブーム」もそういう住民たちの下からの反乱を背景としていた。川崎でも住民の公害反対運動を発端に革新統一候補擁立への動きがはじまり、七一年市長選挙で社共両党・労組・市民団体の推す候補(伊藤三郎川崎市職労委員長)が自民党候補に圧勝し革新市政の誕生となった。川崎教会が「地域における〈神の宣教〉」を打ち出したのも一面ではそういう時代の機運を映し出していた。革新自治体は、七〇年代前半のピーク時には全人口の四割の住民をカバーし、在日の戦後世代の運動や思想にも大きな影響をおよぼした。「住民」という言葉が都市を生きる人びとの主体性の表現として重視され始めた時代であり、それは「民族」や「国籍」にもとづく差別の論理を切り崩す可能性を秘める言葉でもあった。

そういうなかで、自治体が在日朝鮮人の処遇の問題を「住民」もしくは「市民」という観点から見直そうとする動きも現れる。七三年、伊藤三郎市長らの発議した「川崎市都市憲章」(自民党議員の抵抗で「幻の都市憲章」となった)では、「川崎市民」を「川崎に住むすべての人」(原案一三条)と定義した。さらにこの川崎では、七四年七月、教会関係者や桜本保育園の父母、日本人住民が結束して児童手当と公営住宅入居の国籍条項撤廃を申し入れる動きが生まれた。公営住宅入居資格の国籍条項撤廃の実現は、まさに住むという事実に関連していただけに、きわめて象徴的な転機を示していた。一九五四年、建設省は「公営住宅」は、「日本国民のみを対象としたもので」外国人には入居資格はないとする「行政見解」を示していたし、長い間、そういう「国民」と「外国人」という「中央政府の二分論が、完全に自治体をも貫いていた」のである(田中宏「外国籍住民　自治体参加」『岩波講座　自治体の構想　5　自治』)。

自治体が国に先立って

川崎で突破口が開かれたとはいえ、七〇年代では、在日外国人を住民として処遇する自治体は依然として少数派であった。公営住宅や児童手当の国籍条項の撤廃も、全国的には、難民条約*が批准（八二年）されたのを受けて年金法や児童手当三法の国籍条項が撤廃されるまで待たなければならなかった。そういうなかで川崎市は、児童手当や市営住宅につづいて、教育や福祉関係の国籍条項に関する運動側の指摘や要請を受け止め、これを次々と撤廃していった。その事例は、自治体が国に先立って外国人施策を転換して政府の施策にも影響を与えるという流れをつくり出していく。桜本保育園を中心とする「青丘社」**が、そういう行政差別に反対する地域活動の拠点となった。さらに、こうした川崎市の施策を背後から支えたのは、「民際外交」や「内なる国際化」をかかげた長洲知事時代（七五〜九五年）の神奈川県政の取り組みであった（山田貴夫「地方自治体の外国人施策——川崎市を事例として」富坂キリスト教センター編『在日外国人の住民自治』所収）。

* 正式には「難民の地位に関する条約」で難民にも社会保障における内国民待遇を求めている。

** 日立闘争のさなかの七三年一〇月には、桜本保育園が、宗教法人から分離した社会福祉法人の認可を受けて「青丘社」として拡大再編されていた。

神奈川と並んで、東京の美濃部都政（六七〜七九年）、京都の蜷川《にながわ》府政（五〇〜七八年）、大阪の黒田府政（七一〜七九年）など、在日朝鮮人が多住する大都市で革新自治体が長期にわたって存続し在日朝鮮人の地位の改善に貢献した。川崎と同様、生野（大阪）や東九条（京都）は在日大韓基督教会を中心としたキリスト者の「地域における〈神の宣教〉」が地域活動の支えとなった。一方で、大阪府八尾市の「トッカビ子ども会」（後述）のように、部落解放運動の反差別の取組みや経験が在日の地域活動を少なからず触発した地域もあった。

国籍差別撤廃の取り組み

日立闘争以後にこうして各地に広がった地域運動の取り組みは、民族差別と闘う連絡協議会（民闘連）というネットワーク型の緩やかな連合組織によって結ばれることになった。民闘連は、まず神奈川で日立闘争に参加したメンバーを中心に組織され、李仁夏、佐藤勝巳などが共同代表、事務局長には裵《ペ》重度《ジュンド》が就いた。神奈川につづいて大阪・東京・愛知・兵庫・岡山・広島・福岡など各地で組織され、七五年には第一回目の全国交流集会が開催されている。民闘連は、①在日韓国・朝鮮人の生活現実をふまえた民族差別と闘う実践、②各地の実践を強化するために交流の場の確保、③在日韓国・朝鮮人と日本人との共闘、などの「三原則」のもとで、七〇年代から八〇年代にかけての在日朝鮮人の権益擁護運動の大きな流れを生む原動力となった。

在日と日本人の共闘による行政差別撤廃の取り組みが高まるにつれて、国・地方の公務就任権の課題も提起される。そこには「当然の法理*」という国籍差別の厚い壁が立ちはだかっていた。在日朝鮮人の側にも外国人である限り当然、就きえないものという〝常識〟がまかり通っていた。問題は、国の意思形成には直接かかわらないような専門職(国公立大学教員や弁護士)や公社職員、地方公務員にまで国籍条項が及んでいたことであり、これに対する異議申し立てが七〇年代半ば以降に噴出した。

* 五三年、内閣法制局は「公務員に関する当然の法理として、公権力の行使または国家意思の形成への参画に携わる公務員となるには日本国籍を必要とする」という見解を示していたが、これが、国・地方の公務員、国公立学校の教職員への在日朝鮮人の採用を阻む根拠とされていた。

七四年には関西の大学に勤務する在日朝鮮人教員有志によって在日韓国・朝鮮人大学教員懇談会が結成され、外国人教授任用運動がスタートした。それまで日本の国公立大学には、教授会に参加しない助手などをのぞいて、外国人の教員(教授・助教授)は一人もいなかった。七五年、韓国籍の高校生二人が電電公社を受験したことが発端になって電電公社の国籍条項撤廃をめぐる取り組みが、国会の場での論議や全電通労組を巻き込んで高まり、七七年、これを実現した。七八年には八尾市で「トッカビ子供会」を中心に同市の公務員一般行政職の国籍条項を撤廃する取り組みが市内の労組・市民団体の支援のもとに取り組まれた。二年にわたる交渉の末に八尾市は市職員の国籍条項の撤廃に踏みきったが、その取り組みは八〇年代に全国に拡大する地方公務員の国籍条項撤廃運動のさきがけとなった。

弁護士資格についても公務員の就任問題に近い〝常識〟があり、在日朝鮮人自身もこれにとらわれていた。この常識の殻を打ち破ったのが金敬得《キムギョンドク》であった。七六年、司法試験二次試験にパスした金敬得はそれまで外国人が司法修習生になるための条件とされてきた「帰化」を拒み、最高裁に対して、「帰化申請を行うことは……私が弁護士たらんとする立脚点そのものを失うことを意味する」とした請願書を提出した。金敬得のこの申し立てを、やはり、日本人と在日が共闘する「金敬得さんを支援する会」がバックアップした。七七年の三月、最高裁は司法修習生について「日本国籍がないことを理由に不採用とはしない」という判断を下し、弁護士への道が切り開かれることになった。

国籍差別撤廃をめぐる各地での動きは、民団の地方本部をも動かすことになった。七六年には静岡で「静岡県韓国人福祉連絡協議会」が立ち上げられ、住宅・児童手当・国民年金・金融差別・就職差別などの撤廃が取り組まれた。奈良では老齢年金・遺族年金など各種年金の撤廃が取り組まれた。七七年には民団中央本部も、各地の行政差別撤廃運動を支援することを目的に権益擁護特別委員会を発足させた。

指紋押捺問題が重大な争点となる八〇年代には、こうした人権擁護・差別撤廃の取り組みが在日朝鮮人運動の一つの潮流となった。だが、日立就職差別闘争への反応にみられたように、七〇年代では、こうした動きは在日朝鮮人の認識や運動においても広く支持されていたとはいえない。八尾の市職員採用などをめぐる取り組みについても「少なくない同胞〔地域外〕から同化への道ゆきとの批判もあった」(徐正禹「私の体験的地域活動論」李進熙編『「在日」はいま、在日韓国・朝鮮人の戦後五〇年』所収)という。

反独裁民主化運動

日韓条約から南北共同声明を経て南北朝鮮の関係はさらに緊迫し、「民族」や「国家」といった大状況にまつわる政治の季節が二世を含む多くの在日朝鮮人の意識をしばりつづけていた時代でもあった。七・四共同声明から三カ月余り経った一〇月一七日、朴正熙は、突如、戒厳令を宣布し、一一月には国民投票を通じて維新憲法を確定した。維新憲法は、事実上、有権者から大統領選出の権利を奪い、「緊急措置権」という万能の大権を大統領に与えた。七〇年代の在日朝鮮人にとって、このいかにも理不尽な独裁体制とどう向き合うのかが、避けがたい主題として浮かび上がっていた。

録音テープ事件以来、対立を深めていた民団中央と、民団東京、韓学同、韓青同などの改革派は、維新体制に対して相反する対応を示した。民団中央は、一〇月三〇日、「現在のすべての内外情勢にてらし、不可避な英断」とする維新体制支持の談話文を発表し、一二月には、東京本部直轄大会を強行して鄭在俊など改革派を追放した。当時の金正柱《キムジョンジュ》民団団長は、韓国で七〇年代初めから推進されたセマウル（新しい村）運動に呼応するセマウム（新しい心）運動を提唱し、二世三世が植樹などに携わる「青年奉仕団」を韓国に派遣した（『民団四〇年史』）。韓国政府は、日本全国の大使館や領事館にＫＣＩＡ（韓国中央情報部）要員を配置して、在日社会の監視、脅迫、懐柔、政治資金の徴収などに暗躍した。

一方、病気療養で来日中に一〇月維新に遭遇した金大中《キムデジュン》は、維新体制に抗議して亡命を決意する。七一年の大統領選挙で朴正熙と接戦を繰り広げた金大中は、反独裁民主化運動のシンボルとして民団改革派と結びつくことになった。金大中の登場は、韓青同が民団と決別し「反独裁民主化」の旗幟をより鮮明に打ち出すきっかけとなった。七三年八月四日、金大中、金載華《キムジェファ》、鄭在俊、裵東湖、趙活俊《チョファルジュン》などが会合し、金大中がアメリカで結成していた韓民統（韓国民主回復統一促進国民会議）の日本支部を結成することで合意をみた。民団東京、民団神奈川、韓青同など改革派がこの流れに合流し、一三日には発起大会、一五日には宣言大会が日比谷公会堂で開催される予定であった。

ところが、八月八日、金大中が東京九段下のホテル・グランドパレスでＫＣＩＡの要員によって拉致されるという、金大中事件が発生した。民団の改革派は、拉致事件発生直後から「金大中先生救出対策委員会」(救対委)を組織するとともに一三日には予定通り韓民統日本本部発起大会を東京・上野で開いた。救対委の活動は、維新体制が朴正熙射殺事件によって幕を閉じ(七九年一〇月)、翌年二月、金大中が公民権を回復するまでつづいた。この間、金大中は自宅軟禁や度重なる逮捕拘留にも屈せず維新体制に抵抗した。金大中に対する支援はそのまま韓国の反独裁民主化運動となり、韓民統・韓学同・韓青同は、青地晨・和田春樹などが結成した「日韓連帯連絡会議」とも共闘しながら朴正熙政権に挑戦しつづけた。金大中以外にも、度重なる投獄にも屈しなかった金芝河《キムジハ》や、新旧キリスト教徒の牧師・神父の粘り強い抗議行動、さらには韓国の大学生たちの捨て身の闘いぶりが、日本という安全地帯に生きる在日の青年学生たちの魂を揺さぶり続けた。

在日青年と韓国

「母国留学」などを通じて韓国にわたって直に民主化運動に身を投じる在日青年も七〇年代には少なくなかった。早くは七一年、徐兄弟(徐勝《ソスン》・徐俊植《ソジュンシク》)がソウル大学留学中に国家保安法違反で韓国陸軍保安司令部に逮捕されている。取調べ中に拷問を受けた徐勝は自殺を図って顔面に火傷を負い、公判に現れた徐勝の姿に在日社会が受けた衝撃は大きい。徐兄弟はともに非転向をつらぬき、韓国の民主化以後になってようやく釈放された（徐俊植：八八年、徐勝：九〇年）。七五年には、一三人もの在日青年が逮捕される「学園浸透スパイ団事件」（一一・二二事件）があり、白玉光《ペクオックァン》・康宗憲《カンジョンホン》・李哲《イチョル》・金哲顕《キムチョルヒョン》の四人が当初は死刑を宣告されるという事件も起こっている。在日朝鮮人が「スパイ」として逮捕される事件は八〇年代の新軍部政権（全斗煥《チャンドゥファン》政権）時代までつづき、確認されているだけでもその数は一〇〇人余りに及んでいる。

維新独裁が在日二世の社会に投じた暗い闇を象徴するのが文世光《ムンセグァン》事件であった。七四年八月一五日の「光復節」を祝うソウルの会場で、在日二世の文世光が大阪府警から盗んだ拳銃で朴大統領を狙撃し、同席した陸英修《ユクヨンス》夫人が銃弾をうけて死亡した。その場で逮捕された文世光はソウル地裁で死刑判決をうけ、一二月二〇日に死刑が執行される。事件自体はいまなお不可解な部分が多いが、〝民族〟や〝社会〟に目覚めて極限を生きた在日二世を象徴するような出来事として在日社会に投じた波紋は小さくなかった。

4　転換期の思想と文化

在日朝鮮人文学の成立

高度成長という巨大な社会変動と、そのさなかで人格形成を果たした在日朝鮮人の戦後世代の登場は、在日朝鮮人がそれまで抱いてきた理念や価値観にも揺らぎや綻びをもたらした。在日朝鮮人の新しい生き方や思想が文学者の創作活動などを通して模索されるようになる。とりわけ、金達寿、金石範、李恢成など総連の組織活動や民族教育に携わってきた作家や知識人の自己表現が、時代の転機を生きる在日朝鮮人の肖像を浮かび上がらせていた。

金達寿は、岩波新書『朝鮮』をめぐる総連からの激しい批判があった後も、総連傘下の文芸同（在日本朝鮮文学芸術家同盟）の非専任の副委員長にとどまりながら、『密航者』や『太白山脈』などを発表して日本の文壇でも不動の地位を確立した。七〇年からの『日本の中の朝鮮文化*』（講談社）の刊行以降は、活動の軸足を古代日朝関係の研究に移し、総連からも離れて、七五年には、姜在彦《カンジェオン》、李進熙《リジンヒ》らとともに、『季刊三千里』を創刊する。

＊　六九年に京都の実業家で陶磁器などの美術品蒐集家の鄭詔文をスポンサーに刊行された。

金達寿に次いで日本語による創作活動で脚光を浴びたのが金達寿より六歳年下の金石範であった。二五年に大阪で生まれた金石範は、四五年三月に徴兵検査を理由に済州島にわたり中国への亡命を目論むが果たせず、解放の日を待たずに日本に舞い戻った。ところが四八年、金石範が後にしたその済州島で、四・三事件として知られる凄惨な殺戮劇が起こる。故郷の人々が被ったこの歴史の悲劇と、その場に不在であったという痛切な自責や欠落の意識は、金石範を創作へと駆り立てる最も重要なモチーフとなった。この金石範が本格的な創作活動を始めるのは路線転換の頃であったが、六〇年代には『朝鮮新報』や文芸同に所属し、朝鮮語による創作も試みている。しかし、四・三事件を題材とした『鴉の死』(初出は『文芸首都』五七年二月号)を組織の批准を得ずに単行本として刊行(一九六七年)したのを機にやはり総連を離れた。

金達寿や金石範など、戦後在日朝鮮人文学の第一世代とも言うべき作家たちは、「自分が〈朝鮮人〉であることは自明なのだが、むしろそうであるがゆえに、今度は、『なぜ自分は〈在日〉するのか』という問い」(竹田青嗣『〈在日〉という根拠』)が切実であるような世代の作家たちであった。

だが、この第一世代よりも一世代年下の、李恢成や金鶴泳に代表される第二世代の作家たちは、いわば半朝鮮人(=半日本人、「パンチョッパリ」)としての悩みを生きて〈朝鮮人〉としての自己確認そのものがアポリア(難問)となる。

第二世代の作家たち

李恢成はそういう「半朝鮮人」の悩みを正面から描いた最初の作家であった。李は、早稲田大学で留学同の活動に携わり、卒業後は朝鮮語による創作をめざして『朝鮮新報』社に勤務したが、六六年には組織を離れ、六九年『またふたたびの道』で群像新人文学賞、七二年に『砧をうつ女』で在日朝鮮人初の芥川賞を受賞した。李の描く在日像は、朝鮮人としての出自を否認していわば日本人以上に日本人たろうとする段階から出発し、「半朝鮮人」としての混沌や煩悶を経て、〝朝鮮人〟としての理念的な自己確認へ、という内面のプロセスをたどる。李にとって、そういう「半朝鮮人」としての悩みは、あくまでも「民族としての覚醒」に至る通過点であり、それ自体に独自の意義や価値を見出そうとしていたわけではない。その意味で李は、〝民族〟を自明の価値とする、路線転換以来の在日社会の思想的、理念的枠組みに踏みとどまっていた。

これに対して金鶴泳は、在日であることのほかに、吃音という、もう一つの苦しみをかかえ、出世作の『凍える口』(六六年文藝賞受賞)がそうであるように、これを作品の重要なモチーフとした作家である。吃音とは、どんな観念の物語にも還元できないような不遇性をあらわしている。金の作品世界ではまさに、そういう行き場のない不遇性が、〈在日〉としてあることの核心とも重ねあわされ、民族という観念は、むしろ作家の自意識を否定するようなものとして立ち現れる。そこには、民族への帰属を自明の価値としてきた在日の知的世界の底深い揺らぎがかいまみえる。

七〇年を前後する時期には、長編詩集『新潟』を刊行した金時鐘、『夜がときの歩みを暗くするとき』を刊行した高《コ》史明《サミョン》、さらには『タクシー狂躁曲』の梁石日、『骨片』の金泰《キムテ》生《セン》、『裸の捕虜』の鄭承博《チョンスンバク》など、日本語で創作する数多くの在日作家がまさに堰を切ったように文壇に登場し、緩やかとはいえ一つのカテゴリーとしての「在日朝鮮人文学」の存在が認知されるようになった。「帰国の思想」の求心力に翳りが見え始め、本国社会にも日本社会にも還元できないような在日朝鮮人に固有の内実が在日朝鮮人文学の一つのカテゴリーとしての存立を可能にしていたのである。

「古代史」ブームの中で

一九七二年三月、明日香村(奈良県)で高松塚壁画古墳が発見され、日本はときならぬ「古代史ブーム」に沸いた。そしてこの「古代史ブーム」の立役者の一人となったのが、同年一〇月に『広開土王陵碑の研究』を刊行した李進熙であった。

すでに李進熙は、金達寿などとともに、季刊誌『日本の中の朝鮮文化』や学会誌に朝鮮の古代文化が日本に与えた影響を掘り起こす論文を相次いで発表して、いまだ皇国史観の根強い日本の古代史研究に新風を吹きこんでいた。二九年生まれの李は、朝連時代の四八年に茨城の朝鮮小学校の臨時教師となって以来、朝連・総連で民族教育に携わった。明治大学で考古学を専攻して五五年には東京朝鮮高校の教員、六一年には朝鮮大学校の教員となる。だが、六〇年代後半には、金炳植の硬直した組織運営が朝鮮大学校にも及び、七一年に李は朝鮮大学校を去って在野の古代史研究者の道を歩まざるを得なくなる。

『日本の中の朝鮮文化』を中心とする李進熙や金達寿の研究や啓蒙活動は、日本のリベラルな歴史学者や思想家から圧倒的な支持をうけた。七三年二月に金達寿・司馬遼太郎・上田正昭の呼びかけで「日本のなかの朝鮮文化を励ます会」が開かれるが、そこには、中野重治、松本清張、竹内好、岡本太郎、陳舜臣などが参加し、挨拶に立った竹内好は、『日本の中の朝鮮文化』を「日本でいちばん革命的な雑誌」と称えた。

　こうして総連を離れた知識人の活動が脚光を浴びる中で、近代の日朝関係史や今日の南北統一問題をも視野に入れた総合雑誌発刊への機運がたかまり、一九七五年二月、『季刊三千里』が創刊される。金達寿、李進熙の他に李哲、尹学準《ユンハクチュン》、朴

『季刊三千里』

慶植、金石範、姜在彦が編集委員に名を連ね、スポンサーには七〇年代はじめにやはり総連を離れた徐彩源がなった。編集長には李進熙がなり、創刊号の特集は七四年に韓国の軍事法廷で死刑を求刑されていた「金芝河」であり、この雑誌に集った在日知識人の現実参与の姿勢が示された。新聞各紙は『季刊三千里』の刊行を好意的に紹介し、創刊号の発行部数は一万三〇〇〇部であったが、たちまち三〇〇〇部の増刷となる。

総連は、『季刊三千里』に対して「反動的謀略雑誌」、「民族虚無主義」など中傷を繰り返したが、同誌は順調に刊行をつづけ、金達寿、李進熙、姜在彦の訪韓(八一年)によって一部の編集委員が離脱するが、五〇号(八七年五月刊行)の終刊まで、在日の文化運動の中軸を担いつづけた。書き手は、在日朝鮮人に限らず、たくさんの日本人文学者、研究者、ジャーナリストが積極的に寄稿し、歴史や文化、現実政治への発信などその内容も多彩であった。とくに歴史研究では、朝鮮史研究を新たに方向づけるような多くの成果がこの雑誌を通じて生まれた。

李進熙は古代史研究にくわえて朝鮮通信使研究でも成果を上げ、近代史では姜在彦が朝鮮の開化思想や実学思想の研究で新境地を開いた。この姜在彦も民戦時代から総連時代にかけて専従として活動してきた歴史学者であり、六八年には組織を離れ、その後は日本の朝鮮近代史研究をリードする存在として活躍する。強制連行や在日朝鮮人史研究のパイオニアともいえる朴慶植も、朝鮮大学校で歴史地理学部の学部長まで務めるが七〇年にはやはり組織を離れていた。

『三千里』が五〇号をもって終刊した八七年、『季刊在日文芸民濤』(九〇年の一〇号で終刊)が李恢成を中心に同世代の、やはり元総連か、総連に近い文学者たちによって刊行された。李丞《イスン》玉《オク》、梁民基《ヤンミンギ》、宗秋月、朴重鎬《パクチュンホ》などの文芸作品に加えて、金賛汀《キムチャンジョン》のドキュメンタリーや映画評などが同誌を彩った。日本以外の南北朝鮮、中国、ソ連に生きる朝鮮人作家の作品やパレスチナなど自立を求めて闘う第三世界の民族運動との連帯も主題とされ、在日の民族的文芸運動を世界史的な文脈に位置づける試みがなされた。

多彩な発信

七〇年代半ば~八〇年代は、『三千里』や『民濤』の他にも、季刊雑誌や同人誌を通じた思想、生き方、生活意識など二世や三世による多彩な発信が試みられた。早くは七三年に『季刊まだん』(七五年六号で休刊)が、金宙泰《キムチュテ》、金両基《キムヤンギ》、李丞玉の他に呉炳学《オピョンハク》などの画家・写真家が加わって刊行されている。七九年には、『季刊ちゃんそり』が、映画監督の呉徳洙《オドクス》や、文芸評論を中心に活動していた竹田青嗣などによって刊行された。八一年八号終刊と短命に終わったが、誌面は、一世的民族規範への毒気を含んだ揶揄や異議中立にあふれ、戦後世代に独自の表現媒体として一時代を画したといえる。

八七年には、「在日同胞の生活を考える会」(八四年結成)を母体に、元総連の活動家の金奎一《キムギュイル》、

在日が発信した多彩な雑誌

作家の鄭潤煕《チョンユンヒ》などによって『ウリ生活』が刊行され、ほぼ年に一冊のペースであったが、結婚、就職、帰化など生活に密着した特集を重ねて九九年（一四号）までつづいた。八九年には、『三千里』の後継誌としてやはり李進熙を編集長に『季刊青丘』が刊行され、編集委員には、姜尚中《カンサンジュン》、佐藤信行、魏良福《ウィヤンボク》など若手がくわわって二五号（九六年）までつづいた。九〇年代に入ると、『三千里』の編集委員を経て自ら出版社を興した高二三《コイサム》がムック誌の『ほるもん文化』（九〇年～二〇〇〇年）を刊行し、姜尚中・趙景達《チョキョンダル》・鄭雅英《チョンアヨン》・朴一《パギル》などが論陣を張った。さらに歴史家の鄭早苗を中心に、七〇年代以来の在日権益擁護運動の潮流から生まれた『季刊Ｓａｉ』（九一年～二〇一〇年）、ルポライターの高《コ》賛侑《チャニュ》を中心に九一年から月刊となった『ミレ（未来）』（九七年終刊）などが刊行されている。『ほるもん文化』

には、金榮《キムヨン》、朴和美《パクファミ》、金早雪《キムチョソル》、金蒼生《キムチャンセン》など若い世代の女性作家や研究者も執筆したが、九一年には、呉文子《オムンジャ》らを中心に女性文芸誌『鳳仙花』が刊行され、二重にも三重にも抑圧される在日女性の「身世打鈴」を粘り強く綴りつづけている。同人には金真須美、金啓子《キムケジャ》、李優蘭《イウラン》など文学賞を受賞して文壇にデビューした作家もいた(二〇〇六年には高英梨《コヨンニ》、呉文子、李美子《イミジャ》、朴和美などによって在日女性文芸協会が発足し、同協会によって文芸総合誌『地に舟をこげ――在日女性文学』が発行されている)。

雑誌の創刊号が一万六〇〇〇部という昔日の栄光は遥かに遠のき、九〇年代ともなると日本社会全体の活字離れやメディアの多様化が進んで、雑誌という形での表現媒体の存立は益々難しくなった。廃刊や縮小を余儀なくされる雑誌も多く、九〇年代後半以降は新しい雑誌の発行も停滞した。三世が表現者として台頭し、表現主体そのものの多様化・個別化も進んだ。雑誌を通じた表現活動の停滞は、一定の歴史的な特質や指向性をもった集団として「在日朝鮮人」を論じることそのものが困難であるような、時代の状況をも映し出していた。

「第三の道」をめぐって

六〇~七〇年代の在日朝鮮人社会の構造変化は、当然、在日朝鮮人のあり方や運動の方向をめぐる議論を噴出させた。すでに地域社会に根差す権益擁護運動の流れが在日朝鮮人運動をめぐる新しい方向を示唆し、一世のなかでもそうした権益擁護の取り組みを、在日朝鮮人問題の構造的変化のなかにより自覚的に位置づけようとする議論があらわれた（姜在彦「在日朝鮮人六五年」『季刊三千里』八号など）。七〇年代後半から八〇年代半ばにかけての時期は、在日をめぐる思想や議論の転機であり、この転機をめぐる論争の時代でもあった。大きくは三度に及ぶ論争があり、それぞれ在日のあり方や未来に向けた取り組みの方向を見定めるうえで重要な羅針盤となった。

最初の論争は、在日の人権擁護に取り組んできた日本人の間で起こった。論争の舞台となった『朝鮮研究』は、六一年に朝鮮問題を日本人の立場で研究することを目的に設立された日本朝鮮研究所が発行し、内海愛子、梶村秀樹、佐藤勝巳、藤島宇内、寺尾五郎、小沢有作など、朝鮮問題にかかわるめぼしい日本人の研究者をほぼ網羅していた。論争は、七七年、佐藤勝巳など日本朝鮮研究所の主たるメンバー五人が連名で発表した「自立した関係をめざして」（一七二号）に端を発している。佐藤らは、七〇年代の定住化の進展をふまえ、在日朝鮮人は「共和国や韓国のこと以上に日本でのありようをより真剣に模索すべき」だとしたが、やはり日本朝鮮研究所のメンバーであった梶村秀樹がこれを批判する論評を『朝鮮研究』（一七六号）に掲載した。梶村は、自身の見解が佐藤らへの批判として当然予想される統一重視（本国志向）という意味での典型でないことを明らかにし、むしろそうした二者択一的な視点そのものに異議をとなえた。論争は、往復二度のやり取りの後に論点がほぼ出尽くしたことや肝心の朝鮮人の参加が得られなかったことで終結する。論争は、在日朝鮮人の中でも漠然とした形で抱かれていた「在日指向」の気分や機運を公の議論の俎上に載せたという点で新しい「在日論」の出発点としての意義をもった。

佐藤勝巳は、八〇年代に入ると、在日の同化が「自然の流れ」であると主張するなど日立闘争を闘った時代から大きく変貌していくが、佐藤が五人の連名で提起した「在日指向」的な考え方は、その後、「第三の道」の主張として定式化されることになったといえる。「第三の道」という言い方は、関西でベトナム反戦運動などに拘わってきた飯沼二郎が鶴見俊輔とともに発行していた雑誌『朝鮮人』(一七号、七九年)で金東明(仮名)との対談という形で示した考え方である。飯沼は、後にその論旨を次のように要約している(飯沼二郎編『在日韓国・朝鮮人』)。

日本で生れ育った二世以下の人々の中には、日本に定住の意志をもっている人々が多い。この現実を正しく認識せよ。しかし、帰化の意志はない。日本社会のなかで、朝鮮民族としての民族意識をはっきりもって、生活していきたい。そのためには、祖国とのきずなを堅持しなければならないし、もし、そのきずなを手離してしまったら、もはや日本社会のなかに同化されてしまうほかはないであろう。

祖国との「きずな」を強調した後段は、第三の道をめぐる論争をくぐり抜けるなかで改めて強調されたものであった。その主張は、同化でも本国指向でもない第三の道、すなわち民族性を維持しつつも日本での市民的権利の獲得を重視する主張として受け止められ、これに対する反響は小さくなかった。金時鐘は、日高六郎、鶴見俊輔などが参加した『朝鮮人』誌の座談会(二七号)で、それが本国との関係でしか定位されえない「在日」の積極的な存在意義を曖昧にし、「逆に民族性を散らす」と批判した。直接「第三の道」に触れたものではないが、八一年に『「在日」の思想』を上梓した金石範も、「日本社会に定住する者として在日朝鮮人の主体をもって帰属する」ことを強調しながらも、「南と北を越えた統一へ向けての全体的な視点をもちうるところ」に在日の「創造的な性格」があるとして、在日の存在意義を「統一祖国」への〈帰属〉という点に求めた。

「方法としての在日」「事実としての在日」

金石範の『「在日」の思想』は、当時、若手の研究者として頭角を現しつつあった姜尚中によって、「方法としての在日」としてより精緻で洗練された議論に仕上げられた(「〈在日〉の現在と未来の間」『季刊三千里』四二号、八五年)。姜は、その頃、指紋押捺拒否運動へと展開しつつあった在日の「人権・市民権獲得の闘い」の意義を踏まえつつも、そうした闘いが「朝鮮系日本市民」という運動となるならば、

「日本の社会と国家の、精神構造も含めた根源的な転換がない限り」実現不可能であり、「それを越えていくためには、やはりその流れを祖国へ向けて定位させなければならない」と主張した。さらに「私の思うところは、〈在日〉と日本、そして分断祖国の双方が共通の歴史的課題としてかかえ込んでいるものを見定め、それに対する態度決定をテコに間接的に祖国へと志向することを意味する」としている。そこで姜が問題にしたのは、いわば「諸民族の文化や人間的価値の序列」をともなう近代の位階的な価値観や秩序そのものであり、日本社会を規定している「エセ文明の抑圧構造」もそこに由来するものとされる。姜からすれば、「朝鮮系日本市民」としての権益擁護運動は、本質的には、そうした秩序や抑圧構造を前提とした地位向上運動ではあってもそれ自体を否定するものには見えない。「共通の歴史的課題」とは、近代の「エセ文明」や抑圧構造そのものへの抵抗を意味し、姜はそうした闘いの彼岸に〝祖国〟を位置づけていたといえる。

この「方法としての在日」を、七〇年代の権益擁護運動の潮流を象徴する存在となっていた梁泰昊が「事実としての在日」を対置する形で批判した(「事実としての在日――姜尚中氏への疑問」『季刊三千里』四三号、八五年)。梁は、姜が「われわれがあくまでも「外国人」であり「祖国」をもっている」という点で、日本の底辺の他の被差別者と在日が異なることを強調した点を捉え、「きわめて問題である、というより差別である」と批判した。在日に権益擁護運動を「祖国に向けて定位させる」という主張についても、「別の種類の〝国粋化〟を招く危険」を感じるし、「マイノリティの問題を解決するためにマジョリティの側に移ればよいとする発想」だとして批判した。この点は、姜の言う〝祖国〟が、彼岸や理念としての〝祖国〟であり、やや議論がすれ違っていた。姜が〝祖国〟への志向を語る場合には、具体的にはそういう理念としての祖国の実現に向かう本国での統一や民主化運動との連帯を意味していたであろうし、その点では七〇年代に韓学同や韓青同の反独裁民主化運動の潮流から生まれた議論の到達点を示していた。これに対して梁は、定住という事実を踏まえ、反差別・人権擁護の連帯や取り組みを積み上げていくことが、本国にも影響し、全体として「〈エセ文明〉からの自由を獲得する手当」ともなると論じた。

論争は、二度のやり取りを経て、本国指向か在日指向かという単純な二者択一論を越えた地点での双方の認識がそれぞれ提示される形で終わった。姜は、「〈在日〉における生は、いわばスペクトル状にさまざまな位相を伴って連続」していることを改めて確認したうえで、なおかつ「あるべき祖国との有機的関連の環を見失わ」ずに「自らの位相を克服・昇華していくこと」を主張した。これに対して梁は、在日二世にとっては確かに「祖国とのつながりを意識」

し、「〈朝鮮人〉という入り口に立つことが〈人間的〉解放につながった」、だが、三世にとっては、「むしろ発想の入り口と出口を逆転させて〈人間的〉という入り口から入ることによって、歴史的存在としての朝鮮人という自己に向き合うことができるのではないか」と結んだ。論争を経て両者の間にはそれほど大きな隔たりがないことが確認された。それは、七〇年代以降の「二世たちの模索」が行き着いた地点を物語るものでもあったといえる。

「慰安婦」問題と在日社会

在日二世の模索や思想の転換は、在日女性を主体とする慰安婦問題への取り組みの中にも現れていた。戦時中の朝鮮人従軍慰安婦の存在は七三年に出版された千田夏光『従軍慰安婦』(双葉社)などで知られていたが、その取り組みが本格化するのは、九一年に韓国在住の「慰安婦」被害者・金学順《キムハクスン》らが東京地裁に提訴し、これが日本でも大きく報道されてからである。

韓国では九〇年に韓国挺身隊問題対策協議会(挺対協)に組織され、その取り組みは、その頃、韓国に留学していた在日女性の山下英愛《ヨンエ》などを介して日本にも拡がり、在日女性たちを主体に従軍慰安婦問題ウリヨソン・ネットワーク(関東)、朝鮮人従軍慰安婦を考える会(関西)などが組織されている。九三年には、「在日の慰安婦裁判を支える会」の支援の下に、日本在住の慰安婦被害者・宋神道《ソンシンド》が、「謝罪文交付」と「国会における公式謝罪」を求めて東京地裁に提訴した。宋連玉《ソンヨンノク》は、こうしてこの時期に慰安婦問題に取り組んだ在日女性たちの特徴として、「既成の民族組織と一線を画した個人の集まりを中心に、反差別の闘いで獲得した民族・ジェンダー・階級の複合的な視点を備えていたことが挙げられる」(『在日コリアン辞典』)という。

山下英愛も、慰安婦問題のジェンダーという視点を重視する。かつて韓国社会では、「女性は家庭内の妻や母や姉として「貞淑な」女と、そうでない「汚れた」女とに二分され」、「「慰安婦」に動員された女性たちは、被害者であるにもかかわらず、もはや〝民族〟が必要とする「貞淑な」女性ではないという理由で、後者に属するものとみなされていた」(『ナショナリズムの狭間から』)という。慰安婦問題の提起は、そういう「男性血統主中心主義」への批判やパラダイム転換をも意味していた。

この「男性血統中心主義」は、在日朝鮮人の一世はもとより、戦後世代の二世にさえ根強く存在した。日本では、七〇年代後半の安定成長期以降、「団塊の世代」が「ニューファミリー」づくりを始めると、夫婦はもとより、親子の関係さえも、同じ文化を共有する対等の「友達関係」となるほどに、家庭内の人間関係のイメージは刷新された。だが、こういう「近代家族」のイメージは、在日朝鮮人が昔ながらに抱いていた家父長的な父権意識や性別役割分担の制度と必ずしも矛盾するものではなかった。「企業戦士」に象徴されるように、そもそも日本の高度成長そのものが、夫は公にあって外で働き、妻は私的領域にとどまって家事や育児を切り盛りするという役割分担を前提にすすんでいた。在日の世界でも、公の場での知的表現であれ、「革命家」の社会運動であれ、家庭生活の日常にはほとんど無頓着な身軽な男たちが主役を演じ、家庭はどのみち男の仕事の後方基地との意識がまかり通っていた。

在日の慰安婦問題の提起は、過去清算の取り組みであるとともに、そういう男性中心の「天下・国家」型の発想や行動への批判の意味も含んでいたであろう。だが、慰安婦問題を植民地支配の清算という観点以上の問題意識で捉える在日男性はそれほど多かったとはいえない。二〇〇〇年、東京で日本の慰安婦問題での責任を追及する女性国際戦犯法廷が開催されるが、そこに在日男性の姿はほとんどなかったという。

終 章

グローバル化のなかの在日朝鮮人

ワンコリアフェスティバル（2014年）

1　多民族化する日本社会

日本の市民社会

日本の高度経済成長期は、資本主義世界がおしなべて「黄金期」といわれる空前の活況を呈した時期とも重なっている。さらにこの時期は、人の移動が大規模かつグローバル化した時代でもあり、独・仏・英など先進諸国の高度経済成長も、これを底辺で支えた大量の移民労働者の存在を抜きに語ることはできない。工業化は人びとを都市へと誘い、欧米では、この都市化は、多かれ少なかれ、異質なエスニシティや文化のるつぼとして体験された。だが、日本では、むしろ、同じ時期に、地方の文化や生活様式が中央の都市の標準に画一化される過程がすすんだ。

敗戦後の日本は、戦地からの復員や引き揚げ、農村に滞留する過剰人口など行き場のない労働力であふれかえっていた。戦後復興から高度成長期にかけての急速な経済発展を支えたのもそういう余剰労働力であった。離農、出稼ぎ、そして「金の卵」と、この間に農村から都市に移った人びとは、およそ一〇〇〇万人に達するといわれ、そういう人口の流動化を通して日本人の生活様式・意識の平準化が一段とすすんだ。七〇年代は、こうしてよく保たれた日本社会の一枚岩のあり方を前提に、「イエ社会」、「集団主義」、「間柄主義」などこの社会の特殊性(日本らしさ)が日本の成功物語の秘訣として謳歌されることにもなった。もちろん、すでに述べたように、そういう日本でも六〇年代後半からは、市民や住民の立場から、すなわち下からの異議申し立ての機運が高まったが、そこに生まれた市民社会は、異質な他者がともに地域社会をつくりあげるという想定を明らかに欠いていた。在日朝鮮人は、相変わらず、地域社会の異物、もしくはせいぜい部外者として同化か異化かの二者択一の生を余儀なくされていたのである。

多民族・多文化社会へ

ところが、そんなふうに頑ななまでに身を閉ざしてきたこの日本にものっぴきならない変化の波がおとずれる。八〇年代後半以後の急激な円高や東南アジア諸国の工業化・都市化による出稼ぎ労働力の巨大なプールの出現、さらには少子・高齢化時代への見通しなどに圧されて、この日本でも外国人労働者の大量の受け入れが避けがたくなる。七〇年代の外国人登録者数は、六〇万人代後半から七〇万人代半ばであり、日本の総人口に占める比率も〇・七%前後にすぎなかった。しかも、その八割から九割は植民地支配に由来する在日朝鮮人であり、日本人が地域社会の日常で異文化を背景に持つ外国人を意識する

表７　在留外国人(登録外国人)数の推移(毎年末現在)

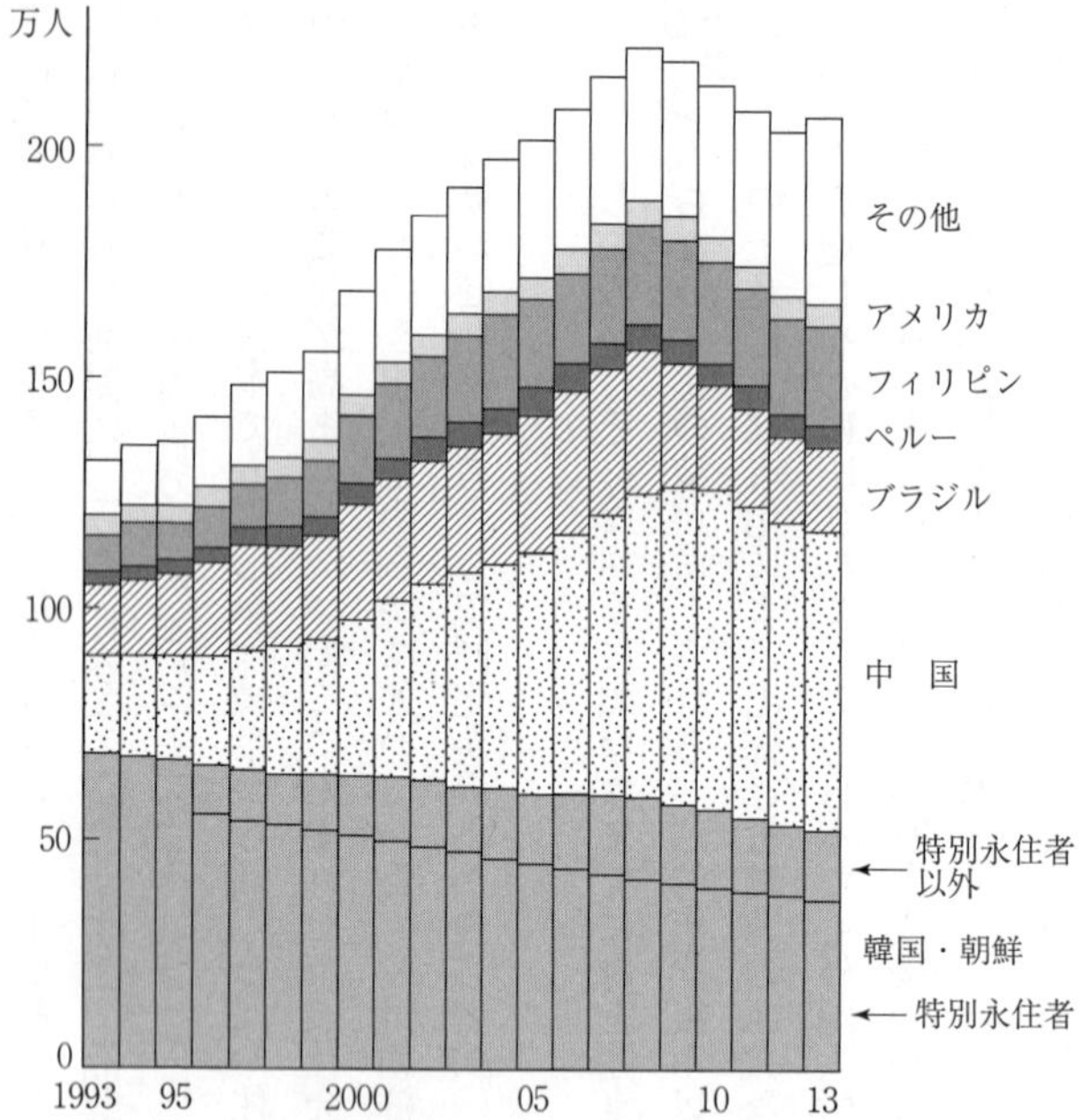

国籍(出身地)別在留外国人(登録外国人)数の推移　単位：人

	1993 年末	2013 年末	増減数	倍率
総　　数	1,320,748	2,066,445	745,697	1.6
韓国・朝鮮	682,276	519,740	−162,536	0.8
中　　国	210,138	649,078	438,940	3.1
ブラジル	154,650	181,317	26,667	1.2
フィリピン	73,067	209,183	136,126	2.9
ペルー	33,169	48,598	15,429	1.5
米　　国	42,639	49,981	7,342	1.2
その他	124,819	408,548	283,729	3.3

(資料)法務省『在留外国人統計』

ことはほとんどなかったといってよい。ところが、表7のように、八〇年代以降、外国人登録者数が急増し、二〇〇五年には二〇〇万人の大台を超えて日本社会は日増しに多民族・多文化社会の様相を深めている。

この間、その大半を在日朝鮮人が占めていた在日外国人の出身別構成も大きく変化した。一九八〇年を基点としてみると最も目立っているのは、韓国・朝鮮籍の外国人が一〇万人近く減少したのに対して、中国・台湾出身者が一〇倍以上に膨れあがっていることである。中国人といえば、在日朝鮮人と同様に戦前から日本に定着して横浜や神戸、長崎に中華街をつくってきたオールドカマーも少なくないが、そのほとんどは日本国籍を取得し、二〇一〇年の特別永住者の数は、二六〇〇人ほどにすぎない。ニューカマーとしての中国人の急増は、中国の改革開放政策への転換にさかのぼることができるが、中国国籍をもつ在日中国人のなかには、主として中国の東北三省からやって来た朝鮮族住民も含まれている。

朝鮮族は、当初は就学や留学を主な目的とする渡日であったが、留学生の多くは日本企業に就職し、現在は、留学生だけではなく、IT技術者、企業家、一般の従業員や会社員などその在留形態は多様で、その数も家族を含めると五万人にのぼると言われている。さらに、九〇年の入管法改正によって国内での就労、転職に制限のない「定住者」資格が与えられたブラジル、ペルーなどの日系人や、興行資格で入国し、現在では日本人を配偶者とするものも多いフィリピン人女性など、多彩な文化的背景や歴史にねざすエスニシティ集団が日本社会の日常を彩っている。

外国人政策の変化

こういうなかで、在日朝鮮人に対してはそれまで同化か排除の姿勢を貫いてきた日本の入管行政も変化を余儀なくされる。二〇〇〇年に策定された『第二次出入国管理基本計画』では、旧植民地出身者に対するこれまでの扱いについては、ほおかぶりを決め込んだまま、「日本人と外国人が円滑に共存・共生していく社会づくりに努めていく」ことがうたわれた。さらに、二〇〇五年には総務省に「多文化共生の推進に関する研究会」が設置され、翌年三月には、各自治体の多文化共生施策の指針となるような〈報告書〉(「地域における多文化共生の推進に向けて」)が策定されるに至った。

こうして、もし、第二次大戦後から五〇年代にかけての時期が「国民化」の時代であるとすれば、八〇年代半ば以降の日本は、〝国民の揺らぎ〟の時代として特徴づけることができるかもしれない。だが、そういう〝国民の揺らぎ〟への反動ともとれる動きも目立っている。とりわけ、九〇年代半ば以降には、「国民意識」の立て直しやナショナリズムの復権への動きが顕著になる。グローバル化は、日本社会の多民族化をすすめつつも、ナショナルな記憶や「国民」の中身をめぐる綱引きを新しいレベルで顕在化させ、その帰趨は在日朝鮮人の行く末にも影を落とさざるを得ない。

先細るオールドカマー

かりに在日朝鮮人を、植民地支配に由来する韓国・朝鮮籍保持者（おおむね韓国・朝鮮籍の特別永住者で、いわゆるオールドカマー）に限定すると、その数は、二〇〇一年に五〇万人の線を初めて割りこみ、その後もほぼ一年に一万人前後が減りつづけている。いうまでもなく、オールドカマーの減少の第一の原因は、日本国籍の取得、いわゆる「帰化」の増大である。この間の世代交代や、帰化要件・手続きの効率化*などともあいまって韓国・朝鮮籍の帰化者数が著しく増加し、二〇一三年現在累積の帰化者数は三五万人近くに達している。

＊　かつて帰化には、複雑な手続きと二年から三年の期間が必要であったといわれるが、九〇年代以降の特別在留資格をもつ在日韓国人の帰化手続きの事例では、ほぼ一年余りで帰化手続きが完了している（浅川晃広『在日外国人と帰化制度』）。

こうした帰化の増大にくわえて、日本人との〈国際結婚〉の増加も特別永住者急減の原因となっている。七〇年代までは二組に一組以上が在日同士の婚姻であったが、八〇年代以後、減少の一途をたどり、二〇〇〇年代には一割を前後する水準にまで落ちこんでいる。父母両系主義への国籍法の改正によって、在日男性と日本人女性の婚姻の場合もその子は日本国籍を取得できることになった(二二歳の時点で韓国籍か日本籍の選択をすることになるが、ほとんどの場合が日本籍を取得している)が、法改正のあった八五年には在日朝鮮人の日本人との婚姻はすでに全体の七割に達していた。国籍法の改正によって八四年に九三六三人であった韓国朝鮮籍の出生者数は、八五年には四八三八人にまで減少している。金敬得は、国籍法改正によって日本国籍を取得することになる者が年間約四五〇〇人と推定している(金敬得『新版　在日コリアンのアイデンティティと法的地位』)が、これに従えば、国籍法改正による日本国籍取得者が今日までで一〇万人余りとなり、五五年にまで遡ると日本人との婚姻による子の日本国籍の取得者は、二〇万人以上に達しているものと考えられる。これに帰化者を加えると在日朝鮮人は、国籍上五〇~六〇万人に及ぶ人口の損失を経験したことになる。近年の日本社会の国際化や〈韓流〉に象徴される日本人の韓国認識の変化、さらには多文化共生の機運がそれなりに高まるなかで、民族名を維持したまま日本国籍を取得するケースも増えているが、日本社会の同化圧力は依然として根強く、そうした事例は多いとはいえない。

韓国人ニューカマー　先細る一方のオールドカマーに対して、在日朝鮮人社会に新しい息吹をもたらしているのが韓国人ニューカマーの存在である。韓国人ニューカマーが増え始めるのは、ソウル五輪以後の八九年に韓国で海外渡航が自由化された頃からであり、便宜上、この頃以降に日本にやって来た韓国人をニューカマー、そして戦前に日本にやって来た朝鮮人、もしくはその子孫をオールドカマーとして区別することができるかもしれない。だが、一言でニューカマーといってもその在留形態はビジネスや留学、婚姻など実に多様であり、永住や定住資格をもっていたり、日本人や永住者の配偶者となって日本社会に根づいた者も七万人余りに達している。さらに、第二次世界大戦後以後も密航などで日本にやって来て定着した韓国人も少なくないし、その意味ではニューカマーとオールドカマーの境界はそれほど明確ではない。

敗戦から五〇年代に至るまで、済州島出身者を中心に、「密航」による日本への渡航が後を絶たなかったことはすでに述べた。日韓条約が締結され、正規入国の道が開かれたことや、六〇年代後半から軌道に乗り始めた韓国の高度成長の影響などによって密航者は減少したが、それでも密航者が途絶えたわけではない。正規入国の道が開かれたとはいえ、「手続きが煩雑であるだけではなく事実上〈密航者〉のほとんどを占めた一〇代後半から二〇、三〇代が家族再会や就労目的で日本に入国できる方法は閉ざされていた」（前掲『コリアン・ネットワーク　メディア・移動の歴史と空間』）のである。八九年に海外渡航が自由化されてようやく、三カ月の親族訪問ビザや一五日の観光ビザを使っての渡航が増え、〈密航〉という形態はほとんどなくなった。だが、それでも親族訪問や観光ビザで入国し滞在期間を超えて長期にわたって不法滞在する韓国人も少なくない。

五〇年代以降の各時期に密航に成功した韓国人たちが日本で結婚し子をもうけ一家を構えるようになると、〈密航者〉という無権利状態から抜け出すために合法的な在留許可を求めて法務当局に自ら出頭した。許可が得られず家族全員が強制送還となるケースもあったが、日本での定住の事実が確認されれば、晴れて正規の在留許可を得る者もいた。こうした〝密航組〟を含めて、いまでは永住資格をもつ韓国人が六万人に達し、植民地支配を背景とするオールドカマーではないが、かといってニューカマーとも言いがたい、固有の層となって、在日社会のエスニックな特質の再生産に貢献している。

「朝鮮市場」から「コリアタウン」へ

戦後、韓国、とくに済州島からの〈密航者〉たちの多くを吸収したのは大阪の猪飼野《いかいの》*と呼ばれる地域であった。高度成長期を中心に、最盛期には日本全体の生産額の六〇%を占めた猪飼野のケミカルサンダル産業を担っていたのがこの〈密航者〉たちであった。かつての猪飼野を含む現在の生野区の韓国・朝鮮籍保持者の人口は三万人余り（生野区全体の二〇%余り）、その八〇%以上を済州島出身者が占めている。とりわけ、JR桃谷駅から南に五〇〇メートルほど離れた一帯には、かつて猪飼野朝鮮市場と呼ばれたコリアタウンがあり、このコリアタウンを中心とする在日の生活世界もニューカマーの登場によって大きく変貌した。

＊ 現在の生野区と東成区にまたがる地域で、七三年に「猪飼野」という地名は消え、鶴橋、中川、桃谷などの町名で区切られることになった。

観光名所になった猪飼野

敗戦後の混乱のなかで、現在のＪＲ鶴橋駅付近に大阪で最大規模の闇市が生まれ、日本人、朝鮮人、中国人がともににぎわう「国際マーケット」となるが、これにほど近い「朝鮮市場」も正月や秋夕の頃を中心に多くの買い物客で賑わった。高度成長を経てこの朝鮮市場への客足が鈍り始めたことはすでに述べたが、八〇年代にはスーパーマーケットなど大型店舗の進出によって日本の各地で商店街が衰退する傾向にあり、朝鮮市場はもとよりその付近の日本人商店街も衰退がいちじるしかった。こうしたなかで地元の在日の青年団体と日本人の青年団体が、地域の再生に向けて共同して「コリアタウン構想」を提唱するようになり、大阪市行政の支援もうけてこの構想が九一年に具体化する。

八〇年代は日本人の他者認識に変化が兆し始める時期であり、日本人の韓国への関心も、それまでの政治・経済などハードな分野に限られていたものが、料理、音楽、映画といったソフトな大衆文化を中心としたそれに傾きはじめる。八〇年代初めには趙容弼《チョヨンピル》の「釜山港へ帰れ」が大ヒットし、八四年には、NHKで「ハングル講座」が開設される。関川夏央(『ソウルの練習問題』一九八四年)や四方田犬彦《よもたいぬひこ》(『あんにょん・ソウル』一九八六年)など韓国を普通の外国として眺める戦後世代の言説も注目を集めるようになり、八八年ソウル五輪を前後する時期には、韓国の大衆文化が「韓国ブーム」という形で日本社会に受容された。コリアタウン構想は、この第一次「韓国ブーム」ともいえる日本社会の機運に対応して顧客を在日朝鮮人やニューカマー韓国人にはとどまらない幅広い層に拡大しようとする戦略であった。二〇〇〇年代以降には、韓流ブームに乗って、コリアタウンは関西の観光名所としてにぎわうようになった。コリアタウンを囲む一帯は、民団、総連のそれぞれの支部、在日大韓基督教会や韓国系仏教寺院などの宗教施設、在日の高齢者施設、そして民族学校などが点在する。そこでは、オールドカマーの在日朝鮮人をはじめ、韓国籍ニューカマー、中国朝鮮族、帰化した在日などの、それぞれ背景を異にするコリアンたちが、経済活動から文化教育、情報交換、民族マダンやフェスティバル、さらには冠婚葬祭に至るさまざまな活動・行事を通じて、二一世紀の在日世界のコアとなるような慣習や文化を保っている。

最大のコリアタウン大久保で

ニューカマーの韓国人や中国朝鮮族などを新しい住民として受け入れながらも、大阪（府）では、韓国・朝鮮籍保持者（約一一万八〇〇〇人）のなかでオールドカマー＝特別永住者（約一〇万人）の占める比率（約八四％）は、依然として高い。これに対して東京には、ビジネスチャンスを求めて沢山の韓国人ニューカマーが流入し特別永住者の比率を上回るようになった。さらに、この東京の中でも韓国人ニューカマーが最も多いのは新宿区（韓国・朝鮮籍の人口は一万四〇〇〇人余り）であり、この新宿区には、コリアタウンとしては日本最大といえる大久保地区（大久保一、二丁目、百人町一、二丁目）がある。大久保地区は、九〇年には一割余りであった外国人人口が二〇〇〇年には四人に一人、今日では三人に一人を占めるまでに増え、大久保一丁目にいたっては半分近くが外国人住民によって占められている。そこには、二〇〇店以上の韓国料理の店をはじめ、韓国商品を売るコンビニ、韓国式中国料理店、韓国教会、寺、美容室、情報雑誌の出版社、韓国雑貨、韓流グッズ、化粧品、占いなどなど、まさに日本にいて韓国を体感できる町並みが見られる。日本と朝鮮半島の関係史をわかりやすく展示した「高麗博物館」のような文化施設もあり、二〇〇二年日韓ワールド

日本最大のコリアタウン・大久保

カップの頃には「大韓民国《テハンミングック》」を叫ぶ赤い人波が街をおおった。

急増する外国人住民に対するホスト社会の反発は、この大久保地区でも少なくなかったが、ワールドカップの共同開催とこれにつづいた韓流ブームは、そうした摩擦を大いに緩和したといわれる。「外国人と共に住む新宿区まちづくり懇談会」(九二年結成)など日本の市民団体も外国人との共生をめざす地域づくりをはじめ、韓国人ニューカマーもホスト社会の協働に意識的に努めてきたといわれる。大阪のコリアタウンがそうであったように、そもそも、大久保地区という地域社会の再生そのものが、新たな外国人定住者の存在を抜きには考えられなくなっていたのである。

八九年の韓国での海外旅行の自由化がいわば「ニューカマー元年」だとすれば、それからすでに二〇年余りの歳月が流れ、その多くは「ニューカマー」という言葉がもはや不自然なほど日本の地域社会に定着した。猪飼野では、そうしたニューカマーがオールドカマーの生活世界と摩擦や融合を繰り返しながら歳月を重ねて固有の慣習や文化をもつ生活圏が形づくられてきたといえる。だが、大久保では、オールドカマーの影はいたって薄い。グローバル化の下で「在日コリアン」の世界がさまざまに再編される中で、植民地支配にねざす「在日朝鮮人」の意味が改めて問われようとしているのである。

在日の団体・組織の変容

ニューカマーの流入は、在日朝鮮人の組織と運動にも大きな変化をもたらしている。なによりも、日本に新たに定着した韓国人の利益を代表する団体の設立が求められ、大久保地区に住むニューカマーの商店主を中心に二〇〇一年には「在日本韓国人連合会」(韓人会)が正式に誕生した。会員は駐在員や経営者が多く、設立目的は会員相互の親睦と母国語教育、さらに日本の地域社会への貢献などが挙げられている。既存の二つの民族団体(総連と民団)が厳しい南北対峙を背景に政治的理念を掲げて旗揚げしたのに対して、韓人会は非政治的な親睦団体を標榜している。

地方では民団に参加するニューカマーも少なくない。米軍基地の従業員として長期滞在する韓国人が多い沖縄では、すでに九〇年代から民団の役員や事務員をニューカマーが務めるようになり、山梨県では貴金属加工などに従事するニューカマーが民団の団員の半数以上を占めるようになったといわれる。新宿でもニューカマーが副団長を務め、大阪・生野では、五〇年代から六〇年代にかけての〈密航組〉が民団で重要な役割を担っている（『統一日報』二〇〇八年一月三〇日）。元来、民団を支えてきたのは、焼肉、サンダル、くず鉄業、パチンコといった一世の自営業者たちであったが、戦後六〇年を経て一世の多くは去り、二世や三世の中には日本企業などで会社員となって在日社会から離れる者も多い。ニューカマーの民団への参加は、韓国の言語や習慣に疎い二世や三世の民団離れをいっそう促進したであろう。こういうなかで、ニューカマーの受容と協働は、民団組織の存続そのものにとって不可欠となっているのである。

一方でこうしたニューカマーの補充も困難な総連は、近年、衰退の一途をたどっている。朝鮮籍保持者は、九〇年代初めには二割にまで減少し、その後は在日朝鮮人の国籍上の内訳は明らかにされていない。七〇年を前後するピーク時には四万六〇〇〇人を数えた全国各地の朝鮮学校の生徒数は、現在では一万人を下回るまでに落ちこんでいる。もちろんこうした総連の衰退は、北朝鮮の人権状況や経済的困難、拉致問題や総連幹部の不祥事などが大きく作用している。かつて理想郷とされた北朝鮮イメージの失墜は、在日二世や三世の帰化や同化を促す要因ともなっている。

民族教育の危機は、ニューカマーの子女教育にとってより深刻である。全国に韓国系の学校は建国学園など四校しかなく、日本に駐在する外交官や商社マンの子女が主に通う東京韓国学校はすでに飽和状態で、多くの地域でニューカマーは日本の学校に通わざるを得なくなっているといわれる。

こういうなかでも二一世紀の在日コリアンのあり方を象徴する新しい息吹も生まれている。ワンコリアフェスティバル、四天王寺ワッソ、各地域の民族マダン、コリアNGO、KEY（在日青年連合）、KIS（コリア国際学園）など、南北のイデオロギーや日本での居住歴の垣根を越えた、文化・教育・組織運動が各地で取り組まれているのである。本国との接点や交流を大切にしながらも本国政府に従属したり下請けとなったりはしないこと、日本社会での参加や責任の自覚の下での地域住民との共生・共存といったことが、そうした取り組みに共有された暗黙の原則となっている。

2　「国民の論理」を超えて

新しいナショナリズム

グローバル化にともなう日本人の他者認識の変化は、過去の侵略や植民地支配についての〝歴史認識〟の変化をも導いた。九一年には、日本の侵略行為を「厳しく反省する」という海部《かいふ》俊樹首相のシンガポール演説があり、九三年に成立した細川護熙《もりひろ》非自民連立内閣では、「侵略行為」と「植民地支配」に対する反省が首相の所信表明の形で述べられた。さらに、こうした流れが、アジア侵略と支配に対する「痛切な反省」と「心からのお詫び」が述べられた九五年の「村山談話」にまでつづく。久保田発言（一五五ページ）の頃から三〇年余りを経て、ようやく、植民地支配の反省や加害者としての自覚が国民的に広く共有されるようになり、在日朝鮮人への眼差しや政策も変化し始めた。

「村山談話」のあった九五年、橋本大二郎高知県知事が「在日韓国・朝鮮人の方々の公務員への門戸開放を真剣に考える」との発言があり、翌年には、川崎市が政令市としてはじめて採用後の任用制限を設けながらも国籍条項の原則撤廃に踏みきる。この川崎に、高知、神奈川、沖縄、大阪などの府県がつづき、二〇〇〇年末までに九府県、八政令市で国籍条項の「原則撤廃」が実現した。高度成長期の社会変動を通じてもなお一枚岩に閉ざされつづけていた地域社会のあり方がようやく反省されようとしていたわけである。

だが、「過去の反省」は、日本の〝近代〟そのものの否定につながり、ひいては日本人のアイデンティティさえも揺るがしかねない、という危機感が日本社会の底流をとらえ始めたのもこの九〇年代半ばからであった。九三年の細川首相の所信表明に対しても、靖国神社の「国家護持」や「公式参拝」をかかげる日本遺族会は、首相の発言が「東京裁判史観に毒された自虐的発言」と決めつけた。「国会決議」や「村山談話」を経た九六年には、自民党保守派議員一一六人によって「〝明るい日本〟国会議員連盟」がつくられ、「侵略国家として罪悪視する自虐的な歴史認識や卑屈な謝罪外交には同調しない」(趣意書)ことが宣言された。日本の新しいナショナリズムを象徴する「自由主義史観研究会」がつくられたのも同じ年であり、九七年には「新しい教科書をつくる会」もつくられる。日本版の歴史修正主義の台頭であった(荒井信一『歴史和解は可能か　東アジアでの対話を求めて』)。

グローバル化による他者の受容は、常に他者への反発と絡み合って錯綜した気流を生んでいる。「失われた二〇年」と言われる経済の長期停滞のもとで人びとはやり場のない喪失感に苛まれて、民族・伝統・愛国といった、時代がかったナショナリズムが呼び戻されようとしているようでもある。二〇〇六年には「教育基本法」が全面改定され、「日本の伝統・文化の尊重、郷土や国を愛する心」の育成を教育行政の基本の一つとすることが盛り込まれた。その後も、リーマンショックや政権交代、東日本大震災、中国・韓国との領土をめぐる確執や北朝鮮の核実験など、政治・経済・外交の混迷がつづくなかで、人びとはますます内向きとなり、一部には狭隘なナショナリズムを振りかざした他者排撃の気分も立ちこめている。そうした機運は、自治体が独自に与えてきた朝鮮学校に対する補助金の削減や、朝鮮高校などに対する政府の就学支援金対象からの除外など、自治体や中央政府の在日朝鮮人政策にも少なからず影を落としている。

〝国民〟の論理を超えて

「村山談話」や橋本高知県知事の公務員への門戸開放発言のあった九五年は、定住外国人の地方参政権をめぐる憲法判断が示された年としても記憶されなければならない。この年の二月、最高裁は、「居住する区域の地方公共団体と特段に緊密な関係を持つ」永住外国人が、「その意思を日常生活に密接な関連を有する地方公共団体の公共的事務の処理に反映させるべく、法律をもって地方公共団体の長、その議会の議員等に対する選挙権を付与する措置を講ずることは、憲法上禁止されているものではない」という判断を示した。要するに、日本の憲法は定住外国人が地域社会の意思形成に参加することを禁止していない、というのである。

高齢者の無年金問題や民族教育など、なお問題は残すにしても、在日朝鮮人をめぐる制度的な差別は八〇年代までに大いに改善されたことは認めなくてはならない。外国人差別の象徴ともいえた指紋押捺制度も、九三年には永住者については廃止された。そういうなかで、九〇年代に在日朝鮮人の前に置かれた〝最後の高地〟ともいうべき課題として、公務就任権と地方参政権の問題が残されたといえる。

公務就任権にしても地方参政権にしても、国民の論理が、日本社会はもとより在日朝鮮人の側でも、強固に根を張っていた六〇年代までは、ほとんど問題として意識さえされなかった課題だった。だが、すでに述べたように七〇年代から、自治体が在日朝鮮人の処遇の問題を〝住民〟もしくは〝市民〟という観点から見直そうとする動きが現れ、川崎に始まる地方公務員の国籍条項撤廃がやがて全国の自治体に広がっていった。ところが、国籍条項の「原則撤廃」を実現したいわゆる「川崎方式」は、国の言う制約基準（「公権力の行使」、もしくは「公の意思形成」には外国人は携わることはできないという基準）を踏まえて、この基準に抵触しない範囲内で任用する、というものである（全職種の約八〇％）。つまり、この点から言えば、地方公務員の就任権とは、けっきょく広い意味での参政権の問題でもあり、残された最後の壁については、先進自治体といえども、地方参政権の問題と連動して扱わざるをえないのである。

こうして、九〇年代の在日朝鮮人の法的地位をめぐる論点は、地域社会での〝参加〟をめぐる問題に収斂されつつあったわけであり、九八年以後、「永住外国人地方参政権付与法案」の国会提出が主に野党によってくりかえされてきた。そしてついに、二〇〇二年には、自民党と連立をくむ公明・保守の両党、つまり与党によって法案が衆議院に上程されるに至った。だが、九〇年代の逆流や反動は、この参政権問題にも影を落とした。「参政権は国政・地方を問わず国民固有の権利」とする、一部の自民党議員や学者・ジャーナリストなどの反発がにわかに高まり、実現まで「あと一歩」のところで法案は頓挫したのである。

逆に、翌年の二〇〇三年には、特別永住者については法務省の裁量の余地なく申告によって日本国籍を与えるという、「国籍取得緩和法案」(「特別永住者等の国籍取得の特例に関する法律案(仮称)要綱案」)が与党三党によってまとめられた。この一見して有難そうな法案も、実は、ナショナリズムの逆流や反動の文脈に根ざしていた。「地方選挙権付与法案」が〈国民〉の論理を超えた〈住民〉の論理に立つものであるとすれば、「国籍取得緩和法案」は、あくまでも〝国民〟の論理に立脚しつつ、「日本国民」の再定義を通じて在日朝鮮人問題の〝解消〟を図ろうとするものであった。坂中英徳前東京入管局長が、この「国籍取得緩和法案」と軌を一にして、在日朝鮮人の日本国籍取得のための「国民運動」を唱え出したのも(「在日は「朝鮮系日本国民」への道を」『中央公論』二〇〇三年七月号)、同じ文脈にねざしていたといえる。それは、「多文化共生」の理念を、国民の枠組みの再定義と二重化を通じて矮小化しようとするものに他ならず、改編された〃国民〃の論理によってニューカマーとオールドカマーの間に越えがたい垣根を持ちこむことにもつながる。

もちろん、歴史のいきさつから言って、オールドカマーの在日朝鮮人が日本国籍を取得することは当然の権利だといえる。だが、国籍の選択権を付与することと、在日朝鮮人を特定の国籍に囲いこもうとするのは、まったく別のことである。その違いは小さく見えて、実は、国民国家をめぐるこの時代の潮流の深い亀裂を映し出している。

日韓の国境をまたぐ在日朝鮮人

在日朝鮮人の同化や「帰化の雪崩現象」は、少なからず、朝鮮半島の両国の在日朝鮮人への見方や政策にも関係している。一章で触れた「朝鮮戸籍令」は、解放後の米軍政下でも継承され、四八年五月の「国籍に関する臨時条例」や、同年一二月に制定された父系血統主義に基づく国籍法での「韓国人」たる基準として事実上その有効性をたもった。五一年の日韓会談予備交渉でも、韓国側は、こうした国籍法にもとづいて「在日韓人が大韓民国国民であること」の確認をつよく求めた(吉澤文寿『戦後日韓

関係 国交正常化交渉をめぐって』)。戦後の韓国では外国人住民の国籍取得の壁もあつく、五年以上の在留実績や〝品位〟、そして〝独立の生計〟如何などが国籍法で規定されている以外にも、法務部の国籍業務処理指針には面接や筆記試験を通して、韓国語能力と風習に対する理解など「国民としての素養」が試されることになっていた。こうした社会では、在日朝鮮人が在日朝鮮人としてあるがままに受け入れられる余地はほとんどなかった。

韓国政府は、国内唯一の異文化集団ともいえた華人の国籍取得をほとんど許さなかったうえに、貿易・為替や土地取得などをめぐるひどい華人差別によって没落に追いこんだ。七〇年代中盤には多くの華人が韓国を後にせざるを得ず、最盛期には一〇万人の水準に達していたその人口も二万人余りにまで減少している。こういう、そこに一切の異物の混入を許さないような閉鎖的な民族主義は、当然、「国民としての素養」を欠く在日の二世や三世、さらには九〇年代に入って急増する中国朝鮮族への眼差しをも規定してきたといえる。

だが、この頑な単一民族主義の国にも民主化やグローバル化に伴う〝国民〟の揺らぎが顕著であり、ある意味でのその変化の速さは日本以上である。九一年以降の産業研修制度や雇用許可制(二〇〇四年)などによって移住労働者が急増し、韓国に滞在する外国人数は九〇年の五万人から、一四〇万人近くまで増加した(二〇一一年末現在、一七万人近くの不法滞在者を含む)。単一民族主義や外国人差別の温床ともなっていた国籍法は、九七年に父母両系主義のそれに改定され、華人の国籍取得も容易となった。今では各地でチャイナ・タウンが再建されたり、新たに建設され、韓国社会の華人への眼差しや処遇は様変わりしているようである。さらに二〇〇六年には、婚姻数の一三％が国際結婚で、農村部でのその比率は三〇％を上回った。外国人の人権や「多文化共生」をめざす市民運動や宗教界、自治体の取り組みが本格化し、二〇〇五年八月には日本に先立って定住外国人の地方参政権が認められ、二〇〇六年の統一地方選挙では、永住権をもち満三年が過ぎた一八歳以上の外国人六七二六人が選挙権行使の対象となった。二〇〇八年四月には在韓外国人の人権擁護や社会適応、個人能力の発揮、社会統合をめざす「外国人処遇基本法」が制定されている。

いま、韓国人は、外国人花嫁や移住労働者といった異質な他者がその日常世界に急増したことに戸惑いながらも、その他者認識を確実に変容させつつある。九九年の「在外同胞法*」の制定に見られるように、在日朝鮮人を含む在外コリアンへの見方や処遇も変わりつつある。二〇〇八年には、憲法裁判所が在外コリアンに対する国政選挙権の制限措置について、「違憲」判断を下したが、これによって韓国籍をもつ在外コリアンの大統領選挙など国政選挙への参政権が実現した。

＊　正式には「在外同胞の出入国と法的地位に関する法律」で、その対象を韓国国籍保持者や韓国国籍をもっていて離脱した外国人（コリアン・アメリカンなど）とし、建国以前に海外に移住し韓国国籍をもったことがない中国朝鮮族・ロシア高麗人が対象とされなかったことから外国人差別法と非難され、二〇〇一年憲法不合致判決が出て二〇〇四年に改定されている。

九〇年代以降、留学などで韓国で学ぶ在日朝鮮人の若者も急増し、日韓双方にまたがる職業や、学術・文化・スポーツ活動を営む在日朝鮮人も少なくない。国民や国籍による囲い込みや排除、切り分けを支えてきた血統主義や単一国籍主義という考え方は、二一世紀の韓国社会では明らかに崩れつつある。それは、〝国民〟についての画一的な見方を前提に常に日本か本国かの選択を迫られてきた在日朝鮮人のあり方にも新しい可能性を開くものだといえよう。

参考文献（著者名の五〇音順、朝鮮人著者名は日本語読み）

浅川晃広『在日外国人と帰化制度』新幹社、二〇〇三年
荒井信一『歴史和解は可能か――東アジアでの対話を求めて』岩波書店、二〇〇六年
飯沼二郎編『在日韓国・朝鮮人――その日本社会における存在価値』海風社、一九八八年
尹健次『民族幻想の蹉跌――日本人の自己像』岩波書店、一九九四年
小熊英二・姜尚中編『在日一世の記憶』集英社新書、二〇〇八年
小沢有作編『近代民衆の記録10　在日朝鮮人』新人物往来社、一九七八年
小野容照『朝鮮独立運動と東アジア――一九一〇―一九二五』思文閣出版、二〇一三年
外国文出版社編集・発行『祖国は待っている！――在日同胞の帰国問題にかんする文献』一九五九年
籠山京『低所得層と被保護層』ミネルヴァ書房、一九七〇年
梶村秀樹著作集刊行委員会・編集委員会編『梶村秀樹著作集第六巻　在日朝鮮人論』明石書店、一九九三年
神奈川県自治総合研究センター『神奈川の韓国・朝鮮人――自治体現場からの提言』公人社、一九八四年
川崎教会歴史編纂委員会編『川崎教会五〇年史』在日大韓基督教会川崎教会、一九九七年
韓載香『「在日企業」の産業経済史――その社会的基盤とダイナミズム』名古屋大学出版会、二〇一〇年
岸勇『公的扶助の戦後史』明石書店、二〇〇一年

木村健二・小松裕編『史料と分析「韓国併合」直後の在日朝鮮人・中国人――東アジアの近代化と人の移動』明石書店、一九九八年
木村孜『生活保護行政回顧』社会福祉調査会、一九八一年
姜在彦・金東勲『在日韓国・朝鮮人――歴史と展望』労働経済社、一九八九年
姜在彦・竹中恵美子『歳月は流水の如く』青丘文化社、二〇〇三年
姜徹編著『在日朝鮮韓国人史総合年表――在日同胞一二〇年史』雄山閣、二〇〇二年
京都府行政文書a『簿冊番号・有期31―003　外国人保護一件昭和三〇～三一年度』(二〇〇八年公開)
京都府行政文書b『簿冊番号・有期32―003　外国人保護一件昭和三二年度』(二〇〇八年公開)
金永子「生活保護制度における朝鮮人処遇をめぐって」会沢勲編『アジアの交差点――在日外国人と地域社会』社会評論社、一九九六年
金英達『金英達著作集』全三巻、明石書店、二〇〇三年
金英達・金敬得編『韓国・北朝鮮の法制度と在日韓国人・朝鮮人』日本加除出版、一九九四年
金英達・高柳俊男編『北朝鮮帰国事業関係資料集』新幹社、一九九五年
金鶴泳『凍える口　金鶴泳作品集』クレイン、二〇〇四年
金慶海・堀内稔編著『在日朝鮮人・生活擁護の闘い――神戸・一九五〇「一一・二七」闘争』神戸学生青年センター出版部、一九九一年
金敬得『新版　在日コリアンのアイデンティティと法的地位』明石書店、二〇〇五年
金賛汀『在日、激動の百年』朝日選書、二〇〇四年

金賛汀『在日義勇兵帰還せず――朝鮮戦争秘史』岩波書店、二〇〇七年
金賛汀『韓国併合百年と「在日」』新潮選書、二〇一〇年
金石範『「在日」の思想』筑摩書房、一九八一年
金石範・金時鐘著、文京洙編『なぜ書きつづけてきたか　なぜ沈黙してきたか――済州島四・三事件の記憶と文学』平凡社、二〇〇一年
金太基『戦後日本政治と在日朝鮮人問題――SCAPの対在日朝鮮人政策一九四五～一九五二年』勁草書房、一九九七年
金達寿『わが文学と生活』青丘文化社、一九九八年
金耿昊「解放後の朝鮮人生活権運動における生活保護適用要求の台頭」『在日朝鮮人史研究』四〇号、二〇一〇年
権逸『権逸回顧録』権逸回顧録刊行委員会、一九八七年
玄武岩『コリアン・ネットワーク――メディア・移動の歴史と空間』北海道大学出版会、二〇一三年
公安調査庁『朝鮮総連を中心とした在日朝鮮人に関する統計便覧　昭和五六年版』公安調査庁、一九八二年
洪呂杓述・高賛侑著『コリアタウンに生きる――洪呂杓ライフヒストリー』エンタイトル出版、二〇〇七年
江東・在日朝鮮人の生活を記録する会編『東京のコリアン・タウン――枝川物語』樹花舎、一九九五年
（文中では『枝川物語』と略記）

呉圭祥『ドキュメント　在日本朝鮮人連盟――一九四五―一九四九』岩波書店、二〇〇九年
小松裕・金英達・山脇啓造編『「韓国併合」前の在日朝鮮人』明石書店、一九九四年
崔勝久・加藤千香子編『日本における多文化共生とは何か――在日の経験から』新曜社、二〇〇八年
在日韓人歴史資料館編『写真で見る在日コリアンの一〇〇年』明石書店、二〇〇八年
在日の慰安婦裁判を支える会編『オレの心は負けてない――在日朝鮮人「慰安婦」宋神道のたたかい』樹花舎、二〇〇七年
在日本大韓民国居留民団『民団四〇年史』一九八七年
在日本大韓民国居留民団大阪府地方本部編『民団大阪三〇年史』在日本大韓民国居留民団大阪府地方本部、一九八〇年
城内康伸『猛牛《ファンソ》と呼ばれた男――「東声会」町井久之の戦後史』新潮社、二〇〇九年
杉原達『越境する民――近代大阪の朝鮮人史研究』新幹社、一九九八年
高野昭雄『近代都市の形成と在日朝鮮人――京都市を事例に』人文書院、二〇〇九年
竹田青嗣『〈在日〉という根拠』ちくま学芸文庫、一九九五年
田中宏『在日外国人　第三版』岩波新書、二〇一三年
張錠寿『在日六〇年・自立と抵抗――在日朝鮮人運動史への証言』社会評論社、一九八九年
鄭祐宗『朝鮮解放直後期に在日朝鮮人の生活と運動1――一九四七年の大阪地方を事例として』(修士論文)大阪大学大学院文学研究科文化形態論専攻日本学講座、二〇〇八年
テッサ・モーリス＝スズキ『北朝鮮へのエクソダス――「帰国事業」の影をたどる』朝日新聞社、二〇〇〇

七年
外村大『在日朝鮮人社会の歴史学的研究――形成・構造・変容』緑蔭書房、二〇〇四年
外村大『朝鮮人強制連行』岩波新書、二〇一二年
富坂キリスト教センター在日朝鮮人の生活と住民自治研究会編『在日外国人の住民自治――川崎と京都から考える』新幹社、二〇〇七年
西成田豊『在日朝鮮人の「世界」と「帝国」国家』東京大学出版会、一九九七年
西村秀樹『大阪で闘った朝鮮戦争――吹田枚方事件の青春群像』岩波書店、二〇〇四年
林浩治『在日朝鮮人日本語文学論』新幹社、一九九一年
樋口雄一『協和会――戦時下朝鮮人統制組織の研究』社会評論社、一九八六年
樋口雄一編『協和会関係資料集』全四巻、緑蔭書房、一九九一年
朴一『〈在日〉という生き方――差別と平等のジレンマ』講談社選書メチエ、一九九九年
朴一他編『在日コリアン辞典』明石書店、二〇一〇年
朴君を囲む会編『民族差別――日立就職差別糾弾』亜紀書房、一九七四年
朴慶植『朝鮮人強制連行の記録』未来社、一九六五年
朴慶植『在日朝鮮人運動史――八・一五解放前』三一書房、一九七九年
朴慶植編『朝鮮問題資料叢書　第九巻　解放後の在日朝鮮人運動1』アジア問題研究所、一九八三年
朴慶植編『朝鮮問題資料叢書　第一〇巻　解放後の在日朝鮮人運動2』アジア問題研究所、一九八三年
朴慶植『解放後在日朝鮮人運動史』三一書房、一九八九年

朴慶植編『在日朝鮮人関係資料集成』全五巻、三一書房、一九七五・一九七六年
朴慶植編『在日朝鮮人関係資料集成　戦後編』全一〇巻、不二出版、二〇〇〇・二〇〇一年
朴在一『在日朝鮮人に関する綜合調査研究』新紀元社、一九五七年
朴寿南編『李珍宇全書簡集』新人物往来社、一九七九年
朴正鎮『日朝冷戦構造の誕生　一九四五―一九六五――封印された外交史』平凡社、二〇一二年
朴斗鎮『朝鮮総連――その虚像と実像』中公新書ラクレ、二〇〇八年
松田利彦『戦前期の在日朝鮮人と参政権』明石書店、一九九五年
リチャード・H・ミッチェル著、金容権訳『在日朝鮮人の歴史』彩流社、一九八一年
民団新宿支部編『民団新宿六〇年の歩み――雑草の如く生き抜いた同胞の歴史』彩流社、二〇〇九年
森田芳夫『在日朝鮮人処遇の推移と現状』法務研修所、一九五五年
森田芳夫『数字が語る在日韓国・朝鮮人の歴史』明石書店、一九九六年
安岡健一『「他者」たちの農業史――在日朝鮮人・疎開者・開拓農民・海外移民』京都大学学術出版会、二〇一四年
山下英愛『ナショナリズムの狭間から――「慰安婦」問題へのもう一つの視座』明石書店、二〇〇八年
山田昭次・古庄正・樋口雄一『朝鮮人戦時労働動員』岩波書店、二〇〇五年
山村政明『いのち燃えつきるとも――山村政明遺稿集』大和書房、一九七一年
吉澤文寿『戦後日韓関係――国交正常化交渉をめぐって』クレイン、二〇〇五年
李光奎『在日韓国人――生活実態를　中心으로』一潮閣、一九八三年

李進煕編『「在日」はいま、──在日韓国・朝鮮人の戦後五〇年』青丘文化社、一九九六年
李進煕『海峡──ある在日史学者の半生』青丘文化社、二〇〇〇年
梁永厚『戦後・大阪の朝鮮人運動──一九四五─一九六五』未来社、一九九四年
林茂澤『在日韓国青年同盟の歴史──一九六〇年代から八〇年まで』新幹社、二〇一一年

【雑誌】(刊行順)
大阪朝鮮詩人集団機関誌『ヂンダレ』(一九五三~五八年、二〇号)
『朝鮮人』(一九六九~九一年、二七号、不定期刊)朝鮮人社
『季刊まだん』(一九七三~七五年、六号)創紀房新社
朝鮮問題研究会編『海峡』(一九七四年~、半年刊)社会評論社
『季刊三千里』(一九七五~八七年、五〇号)三千里社
在日朝鮮人運動史研究会編『在日朝鮮人史研究』(一九七七年~、年刊)緑蔭書房
『季刊ちゃんそり』(一九七九~八一年、八号)ちゃんそり舎
『生活情報誌　ウリ生活』(一九八七年~九九年、一四号)在日同胞の生活を考える会
『Mile(ミレ:未来)』(一九八八~九六年、月刊)パン・パブリシティー
『季刊青丘』(一九八九~九六年、二五号)青丘文化社
『ほるもん文化』(一九九〇~二〇〇〇年、九号)新幹社
『鳳仙花』(一九九一~二〇一三年、二七号)鳳仙花編集部　など

索　引

（朝鮮人名は日本語読み）

人　名

ア　行

カ　行

サ　行

タ　行

ナ・ハ行

事項など

サ　行

タ 行

ナ 行

ラ・ワ 行

図版一覧

1頁(第1章扉)　中田恭一「大阪築港」(1934年帝展)　絵はがき
11頁　摂津紡績明石工場の朝鮮人女子労働者　朝鮮総督府機関誌『朝鮮彙報』1917年9月号
19頁　軍隊によって習志野俘虜収容所跡に連行される朝鮮人　在日韓人歴史資料館提供
23頁　飴売りの行商をする朝鮮人留学生(1920年代)　同前
26頁　慶尚南道巨済郡出身の朱夫元氏が日本へ渡るときに発行された渡航証明書(1929年3月30日)　同前
36頁　下関港に上陸した朝鮮人たち　同前
39頁　在大阪新幹会支会発会式のポスター(1927年12月)　法政大学大原社会問題研究所所蔵
45頁(第2章扉)　大阪鶴橋商店街(1936年頃)　毎日新聞社提供
53頁　『民衆時報』創刊号(1935年6月15日)　朴慶植編『朝鮮問題資料叢書第5巻　在日朝鮮人運動関係機関誌(解放前)』アジア問題研究所，1983年
56頁　崔承喜舞踊公演会のポスター(1941年)
62頁　協和会会員章(手帳)　在日韓人歴史資料館提供
70頁　入坑前に精神講和を聞く朝鮮人労働者(筑豊の炭鉱)　上野英信・趙根在監修『写真万葉録・筑豊9アリラン峠』葦書房，1986年
71頁　朝鮮総督府が北海道で就労する朝鮮人労働者に送った手紙(1941年)　対日抗争期強制動員被害調査および国外強制動員犠牲者など支援委員会編・刊『散らばったあの日の記憶』2012年
83頁(第3章扉)　府中刑務所前に集まって太極旗で歓迎する朝鮮人たち(1945年10月)　在日韓人歴史資料館提供
89頁　府中刑務所を出獄し歓迎を受ける金天海(左，1945年10月)　同前

96頁　朝連本部(東京・八重洲)　同前
104頁　『民主朝鮮』表紙　同前
114頁　兵庫県庁内の階段を埋め(左)，座り込む(右)在日の人びと(1948年4月)　同前
116頁　朝連本部をとりまく武装警官隊(1949年9月)　中村政則他『新装版　戦後日本　占領と戦後改革5』岩波書店，2005年
118頁　福岡・博多の水上バラック(1957年)　在日韓人歴史資料館提供
123頁　吹田事件の報道(『朝日新聞』1952年6月25日)　同前
128頁　大阪「食道園」での力道山(1960年頃)　同前
142頁　新潟港での歓送の様子(1960年代)　同前
149頁(第4章扉)　朴鍾碩氏の勝訴を報じる新聞(1974年)　同前
166頁　『いのち燃えつきるとも　山村政明遺稿集』表紙　大和書房，1971年
172頁　1960年代のパチンコ台(パチンコ博物館提供)　在日韓人歴史資料館提供
179頁　入管法反対のデモ　在日本大韓民国居留民団大阪府地方本部編『民団大阪三〇年史』1980年
197頁　在日が発信した多彩な雑誌
207頁(終章扉)　ワンコリアフェスティバルのポスター(2014年)
217頁　観光名所になった猪飼野　撮影：文京洙
220頁　日本最大のコリアタウン・大久保　同前

年　表

年	在日関連	国内外の動向
1894(明治27)		日清戦争(～95)，甲午農民戦争
97(30)	九州の炭鉱に朝鮮人労働者導入	
98(31)		戊戌の変法，戊戌の政変
99(32)	勅令第352号により中国人労働者の入国を禁止	
1900(33)		義和団事件
04(37)		日露戦争(～05)
08(41)頃	九州・関西などの鉄道工事，発電所工事に朝鮮人労働者導入	
10(43)	韓国併合	大逆事件
11(44)	東京朝鮮留学生学友会結成	辛亥革命
12(45，大正1)		中華民国成立
14(3)		第一次世界大戦(～18)
16(5)	警視庁，「要視察朝鮮人視察内規」を定める	
17(6)		ロシア革命
18(7)	総督府，「労働者募集取締規則」	
19(8)	2・8独立宣言，3・1独立運動．総督府，旅行証明書制度を実施(22年廃止)	
21(10)	相愛会結成	
22(11)	大阪・東京で朝鮮労働同盟会結成	ソビエト連邦結成
23(12)	関東大震災	
24(13)	大阪内鮮協和会設立(25年兵庫，26年神奈川に内鮮協会)	
25(14)	在日本朝鮮労働総同盟結成．総督府，渡航阻止を開始	

27(昭和2)	新幹会東京支会・京都支会・大阪支会設立(28年名古屋支会)	
28(3)	渡航証明書制度を実施(45年3月廃止)	
29(4)	社会政策審議会で朝鮮人渡日問題を審議	
30(5)	在日労総，労働組合全国協議会に解消．東亜通航組合設立	
31(6)		満洲事変
32(7)	朴春琴，衆院当選	「満洲国」成立
33(8)		ヒトラー内閣成立
34(9)	「朝鮮人移住対策の件」を閣議決定	
35(10)	大阪で『民衆時報』創刊．朝鮮人の自主教育機関閉鎖	
36(11)	東京で『朝鮮新聞』創刊(9月廃刊)．各府県に協和会組織(39年，中央協和会設立)	
37(12)	総督府，「皇国臣民の誓詞」制定	盧溝橋事件
39(14)	労務動員計画にもとづく朝鮮人労働者集団移入開始	
40(15)	創氏改名実施	
41(16)		独ソ戦開始．日本，対米・英開戦布告
42(17)	朝鮮人への徴兵制適用を決定．官斡旋方式による労務動員を開始	
44(19)	徴用による朝鮮人労務動員．中央協和会，中央興生会に改称．在日朝鮮人「処遇改善策」を閣議決定	
45(20)	日本敗戦，朝鮮解放．舞鶴	国連創立総会．ポツダム会

	湾で浮島丸が沈没し朝鮮人549人が死亡．在日本朝鮮人連盟（朝連）結成．GHQの人権指令によって金天海，朴烈が釈放．朝鮮建国促進青年同盟（建青）結成．旧植民地出身者（在日朝鮮人・台湾人）の参政権停止	談．日本，降伏文書調印
46（21）	新朝鮮建国同盟（建同）結成．GHQの指示により在日朝鮮人の「計画輸送」開始（4〜12月）．在日本朝鮮居留民団（民団）結成	国共内戦開始
47（22）	外国人登録令公布	日本国憲法施行
48（23）	阪神教育闘争．大韓民国建国．朝鮮民主主義人民共和国建国．朝連，共和国創建在日朝鮮人慶祝団の名目で韓徳銖らを北朝鮮に派遣	済州島4・3事件
49（24）	GHQが朝連など4団体に解散命令	NATO成立．中華人民共和国成立
50（25）	朝鮮戦争勃発．祖国防衛中央委員会結成．在日韓僑自願軍結成	コミンフォルム批判．GHQ，日本共産党中央委員24人の公職追放
51（26）	在日朝鮮統一民主戦線（民線）結成．日本共産党第4回全国協議会（4全協）開催，「軍事方針」を決定．出入国管理令（入管令）及び入国管理庁設置令を制定公布	李承晩大統領，平和ライン（李ライン）宣言．サンフランシスコ講和会議．日韓予備会議開催（52年より本会議）
52（27）	サンフランシスコ講和条約発効，在日朝鮮人の日本国籍剥奪，外国人登録法公布．メーデー事件で朝鮮人の逮捕者140名．吹田・枚方・大須で朝鮮人を主力に武器	

	輸送や生産を阻止する実力行動発生	
53(28)	板門店で休戦協定正式調印	周恩来・ネルー，平和五原則の共同声明．ソ連，スターリン首相死去．久保田発言(第3次日韓会談)
54(29)	在日朝鮮人を「共和国公民」とする北朝鮮南日外相の声明	
55(30)	在日朝鮮人による超党派の南北統一促進協議会(統協)結成．外国人登録法に基づく指紋押捺制度開始．在日本朝鮮人総連合会(総連)結成	日本共産党第6回全国協議会(6全協)で極左路線を自己批判
56(31)	朝鮮大学校が東京(十条)に創立	北朝鮮で「8月宗派事件」，金日成が労働党内の非主流派を排除
57(32)	北朝鮮から教育援助費及び奨学金が送られる	
58(33)	総連川崎支部中留分会で集団帰国を願う手紙を金日成に送付，帰国運動本格化．小松川事件で李珍宇逮捕される	
59(34)	民団，北韓送還反対闘争委員会結成．在日朝鮮人帰国のための朝・日赤十字協定調印．第1次帰国船，清津に向け新潟を出発	
60(35)	4・19学生革命，李承晩退陣．金日成，南北朝鮮の連邦制を提案	日米安保条約調印．ベトナム戦争(～75)
61(36)	韓国学生同盟第20回大会，朴正煕軍事政権打倒を決議	朴正煕，軍事クーデター決行
62(37)		キューバ危機

63(38)	東京朝鮮高校生に対する集団暴行事件，その後も各地で続発．力道山，赤坂で暴漢に襲われ死去	
65(40)	韓日基本条約調印，在日韓国人法的地位決まる．韓国民族自主統一同盟〔韓民自統〕日本支部が結成(翌年には韓国民族自主統一青年同盟〔韓民自青〕結成)	
66(41)	在日韓国人の協定永住申請，受付開始	中国，文化大革命
68(43)	金嬉老事件．外国人学校法案，国会に上程．美濃部東京都知事，朝鮮大学校を各種学校として認可	
69(44)	「出入国管理法案」，国会に上程	
70(45)	山村政明(梁政明)，焼身自殺．朴鐘碩，日立製作所を相手どって就職差別訴訟を起こす	
71(46)	「録音テープ事件」	
72(47)	李恢成『砧をうつ女』で芥川賞を受賞．7・4 南北共同声明発表．東京で「南北共同声明を支持する在日同胞たちの中央大会」が韓国青年同盟と朝鮮青年同盟によって共同開催．総連第 1 副議長金炳植が解任され失脚，北朝鮮に召喚される	沖縄返還．ニクソン訪中．日中共同声明(国交回復)．7・4 南北共同声明．韓国で維新体制成立
73(48)	KCIA(韓国中央情報部)による金大中拉致事件発生．韓国民主回復統一促進国民会議(韓民統)日本支部結成	変動相場制に移行．第一次オイル・ショック．金大中拉致事件

74(49)	文世光事件発生．民闘連(民族差別と闘う連絡協議会)結成	
75(50)	季刊『三千里』創刊．民団主導の「総連系同胞母国訪問団事業」はじまる．「学園浸透スパイ事件」で13人の在日青年逮捕	
76(51)		ベトナム統一
77(52)	最高裁，司法試験に合格した金敬得を韓国籍のまま司法修習生としての採用を認める	
79(54)		第二次オイル・ショック．朴正熙が側近によって射殺される
80(55)	韓宗碩，外国人登録法の指紋押捺を拒否	光州事件を経て全斗煥政権(第五共和国)成立
82(57)	日本政府，難民条約発効に伴い特例永住制度実施，国民年金法の国籍条項撤廃	教科書問題(～83)
84(59)		NHK,「ハングル講座」放送開始 全斗煥，日本訪問，日韓新時代提唱
85(60)	日本で改正国籍法施行，父系血統主義から父母両系血統主義に変更	南北離散家族相互訪問
86(61)	国民健康保険法の国籍条項撤廃	
87(62)		「6・29民主化宣言」以後の大統領選挙で盧泰愚当選(第六共和国)
88(63)		ソウル五輪
89(64,平成1)		天皇裕仁没．ベルリンの壁撤廃，ドイツ統一．バブル

		経済の崩壊．中国，改革・開放政策．韓国，海外渡航の自由化
91(3)	協定永住，特例永住を一本化した特別永住制度開始	ソ連消滅．南北，国連同時加盟
92(4)		韓中国交樹立
93(5)	改正外国人登録法施行，特別永住者の指紋押捺制度廃止．在日朝鮮人元「従軍慰安婦」・宋神道が公式謝罪などを求めて東京地裁に提訴．	非自民連立内閣成立．河野官房長官が従軍慰安婦問題への軍の関与を認める(河野談話)
94(6)		金日成死去，金正日が最高指導者に
95(7)	阪神・淡路大震災，131 人の在日朝鮮人が犠牲に．最高裁，「永住者等の地方参政権付与は憲法上禁止されていない」との判断示す	阪神・淡路大震災．地下鉄サリン事件．村山富市首相が植民地支配について「心からの」謝罪表明(村山談話)
96(8)	川崎市が都道府県・政令指定都市で初めて職員採用試験の国籍条項撤廃	
98(10)		金大中，大統領に
2001(13)	総連初代議長・韓徳銖死去．ニューカマーの韓国人による在日本韓国人連合会結成	9・11 同時多発テロ
02(14)	2002 年 FIFA ワールドカップ(韓日共同開催)開幕	小泉首相訪朝，日朝平壌宣言
03(15)		盧武鉉，大統領に．イラク戦争．アフガン戦争
05(17)		韓国で「真実・和解のための過去事整理基本法」制定
06(18)	韓国民団と朝鮮総連が和解に向けた 6 項目合意の共同声明を発表	北朝鮮，長距離ミサイル発射，核実験
08(20)		ハンナラ党李明博，大統領

		に
11(23)		東日本大震災．金正日死去，金正恩，朝鮮人民軍最高司令官就任(12年朝鮮労働党第一書記，国防委員会第一委員長に)
12(24)	韓国公職選挙法改正(09年)に伴い，国会議員選挙に韓国籍の在日朝鮮人など韓国の海外永住者が初めて参加(12月には大統領選挙で投票)	
13(25)		セヌリ党朴槿恵，大統領に

水野直樹

1950年生まれ．1981年京都大学大学院文学研究科博士課程学修・退学．
現在―京都大学名誉教授．
専攻―朝鮮近代史，東アジア関係史．
編著書―『創氏改名――日本の朝鮮支配の中で』(岩波新書，2008年)，『図録　植民地朝鮮に生きる――韓国・民族問題研究所所蔵資料から』(共編，岩波書店，2012年)ほか

文京洙

1950年生まれ．1980年法政大学大学院社会学研究科修士課程修了．
現在―立命館大学国際関係学部教授．
専攻―政治学，韓国現代史．
著書―『韓国現代史』(岩波新書，2005年)，『在日朝鮮人問題の起源』(クレイン，2007年)ほか

在日朝鮮人 歴史と現在　　岩波新書(新赤版)1528

2015年1月20日　第1刷発行
2019年11月5日　第5刷発行

著者　水野直樹《みずのなおき》　文京洙《むんぎょんす》

発行者　岡本厚

発行所　株式会社 岩波書店
〒101-8002 東京都千代田区一ツ橋2-5-5
案内 03-5210-4000　営業部 03-5210-4111
https://www.iwanami.co.jp/

新書編集部 03-5210-4054
http://www.iwanamishinsho.com/

印刷・三陽社　カバー・半七印刷　製本・中永製本

ISBN 978-4-00-431528-5　Printed in Japan

岩波新書新赤版一〇〇〇点に際して

ひとつの時代が終わったと言われて久しい。だが、その先にいかなる時代を展望するのか、私たちはその輪郭すら描きえていない。二〇世紀から持ち越した課題の多くは、未だ解決の緒を見つけることのできないままであり、二一世紀が新たに招きよせた問題も少なくない。グローバル資本主義の浸透、憎悪の連鎖、暴力の応酬――世界は混沌として深い不安の只中にある。

現代社会においては変化が常態となり、速さと新しさに絶対的な価値が与えられた。消費社会の深化と情報技術の革命は、種々の境界を無くし、人々の生活やコミュニケーションの様式を根底から変容させてきた。ライフスタイルは多様化し、一面では個人の生き方をそれぞれが選びとる時代が始まっている。同時に、新たな格差が生まれ、様々な次元での亀裂や分断が深まっている。社会や歴史に対する意識が揺らぎ、普遍的な理念に対する根本的な懐疑や、現実を変えることへの無力感がひそかに根を張りつつある。そして生きることに誰もが困難を覚える時代が到来している。

しかし、日常生活のそれぞれの場で、自由と民主主義を獲得し実践することを通じて、私たち自身がそうした閉塞を乗り超え、希望の時代の幕開けを告げてゆくことは不可能ではあるまい。そのために、いま求められていること――それは、個と個の間で開かれた対話を積み重ねながら、人間らしく生きることの条件について一人ひとりが粘り強く思考することではないか。その営みの糧となるものが、教養に外ならないと私たちは考える。歴史とは何か、よく生きるとはいかなることか、世界そして人間はどこへ向かうべきなのか――こうした根源的な問いとの格闘が、文化と知の厚みを作り出し、個人と社会を支える基盤としての教養となった。まさにそのような教養への道案内こそ、岩波新書が創刊以来、追求してきたことである。

岩波新書は、日中戦争下の一九三八年一一月に赤版として創刊された。創刊の辞は、道義の精神に則らない日本の行動を憂慮し、批判的精神と良心的行動の欠如を戒めつつ、現代人の現代的教養を刊行の目的とする、と謳っている。以後、青版、黄版、新赤版と装いを改めながら、合計二五〇〇点余りを世に問うてきた。そして、いままた新赤版が一〇〇〇点を迎えたのを機に、人間の理性と良心への信頼を再確認し、それに裏打ちされた文化を培っていく決意を込めて、新しい装丁のもとに再出発したいと思う。一冊一冊から吹き出す新風が一人でも多くの読者の許に届くこと、そして希望ある時代への想像力を豊かにかき立てることを切に願う。

（二〇〇六年四月）